会社別就活ハンドブックシリーズ

2025
東日本旅客鉄道の就活ハンドブック

就職活動研究会 編

JOB HUNTING BOOK

はじめに

2021年春の採用から，1953年以来続いてきた，経団連（日本経済団体連合会）の加盟企業を中心にした「就活に関するさまざまな規定事項」の規定が，事実上廃止されました。それまで卒業・修了年度に入る直前の3月以降になり，面接などの選考は6月であったものが，学生と企業の双方が活動を本格化させる時期が大幅にはやまることになりました。この動きは2022年春そして2023年春へと続いております。

また新型コロナウイルス感染者の増加を受け，新卒採用の活動に対してオンラインによる説明会や選考を導入した企業が急速に増加しました。採用環境が大きく変化したことにより，どのような場面でも対応できる柔軟性，また非接触による仕事の増加により，傾聴力というものが新たに求められるようになりました。

『会社別就職ハンドブックシリーズ』は，いわゆる「就活生向け人気企業ランキング」を中心に，当社が独自にセレクトした上場している一流・優良企業の就活対策本です。面接で聞かれた質問にはじまり，業界の最新情報，さらには上場企業の株主向け公開情報である有価証券報告書の分析など，企業の多角的な判断・研究材料をふんだんに盛り込みました。加えて，地方の優良といわれている企業もラインナップしています。

思い込みや憧れだけをもってやみくもに受けるのではなく，必要な情報を収集し，冷静に対象企業を分析し，エントリーシート作成やそれに続く面接試験に臨んでいただければと思います。本書が，その一助となれば幸いです。

この本を手に取られた方が，志望企業の内定を得て，輝かしい社会人生活のスタートを切っていただけるよう，心より祈念いたします。

就職活動研究会

Contents

第1章

東日本旅客鉄道の会社概況

会社によって選考方法は千差万別。面接で問われる内容や採用スケジュールもバラバラだ。採用試験ひとつとってみても，その会社の社風が表れていると言っていいだろう。ここでは募集要項や面接内容について過去の事例を収録している。

また，志望する会社を数字の面からも多角的に研究することを心がけたい。

✔グループ理念

■グループ理念

私たちは「究極の安全」を第一に行動し、グループ一体でお客さまの信頼に応えます。

技術と情報を中心にネットワークの力を高め、すべての人の心豊かな生活を実現します。

■行動指針

安全の追求
「究極の安全」を追求し，お客さまに安心を届けます。

お客さま志向
質の高いサービスを提供し，お客さまのご期待に応えます。

自主自立
広い視野と挑戦の志を持ち，自ら考え，自ら行動します。

グループの発展
社会的責任を果たし，グループ一体で持続的な成長をめざします。

地域密着
ネットワークの力を活かし，地域社会の発展に貢献します。

✔ 会社データ

所在地	東京都渋谷区代々木二丁目2番2号
設立	1987年4月1日
資本金	2,000億円
発行済株式総数	3億7,793万2,400株
上場証券取引所	東京証券取引所プライム市場
社員数	46,051人（単体）
主な諸元	線区数：69線区 営業キロ：7401.2km（BRTを含む） 駅数：1,681駅（BRTを含む） 列車本数：11,883本（1日あたり） 車両数：12,375両 輸送人員：約1,459万人（1日あたり） （列車本数は2023年3月ダイヤ改正時データによる）
事業内容	旅客鉄道事業／貨物鉄道事業／旅客自動車運送事業／索道業／旅行業／倉庫業／駐車場業／広告業／図書・雑誌の出版業／金融業／前払式支払手段の販売業及びゴルフクラブ会員権、テニスクラブ等のスポーツ施設利用権等の販売業／電気通信事業／情報処理及び情報提供サービス業／損害保険代理業その他の保険媒介代理業／自動車整備業及び石油、ガス等の燃料、自動車用品の販売／旅行用品、飲食料品、酒類、医薬品、化粧品、日用品雑貨等の小売業／旅館業及び飲食店業／一般土木・建築の設計、工事監理及び工事業／設備工事業／電気供給事業／動産の賃貸業及びイベントに関するチケット販売、クリーニング、写真現像等の取次業／不動産の売買、賃貸、仲介、鑑定及び管理業／輸送用機械器具製造業／精密機械器具及び一般産業用機械器具製造業／看板・標識案内板等の製造・販売業／遊園地、体育施設、文化施設、学習塾等の教育施設、映画館等の経営／清涼飲料水、酒類の製造及び水産物の加工・販売業／骨材・石工品及びコンクリート杭・ブロック等の製造・販売業 上記の事業に附帯または関連する一切の事業、その他上記の目的を達成するために必要な事業

（2023年4月1日現在）

✔ 仕事内容

■駅の仕事

駅には接客や列車運行に関する業務などさまざまな仕事があり、社員は利用者が安心して快適に利用できる駅を実現できるように取り組んでいる。
きっぷの確認や案内を行う改札、きっぷの販売を行う「みどりの窓口」、利用者のきめ細かなサービスを機動的に行うサービスマネージャーといった営業部門の業務に加え、安全で正確な列車の運行を支えているホーム担当や信号担当といった運転部門の業務など、駅における業務は多岐にわたる。

改札

改札の主な仕事は、きっぷの確認や精算、利用者への案内など。列車が発着するホームや乗り換え、きっぷやSuicaといった鉄道に関する案内や、駅周辺の観光地などに関する質問も多く、幅広い知識が求められる。

みどりの窓口

みどりの窓口では、乗車券や新幹線の特急券、定期券など、さまざまな種類のきっぷを販売している。接客スキルも求められる。

ホーム業務

ホーム業務の主な仕事は、ホーム上の安全確認や、利用者の乗降を確認したうえで、出発の合図を送ること。列車ダイヤが乱れた際には、指令員や乗務員とさまざまな調整をし、列車を正常な運行状況に戻す役割を担う。

■乗務員・指令員の仕事

JR東日本最大の商品である輸送サービス。毎日運行される約12,300本の列車1本1本を運行するのが乗務員（車掌・運転士）の仕事だ。車掌と運転士はお互いに協力をしながら、何千人もの利用者が安全で時間どおりに、そして安心して目的地まで移動できるよう、列車を運行している。そして、列車の運転状況、利用者や気象の状況など、常に列車運行にかかわるさまざまな情報を把握しながら、運行管理を行うのが指令員だ。安全・安定輸送を支え、輸送サービスの品質を確保している。

車掌

車掌は、列車を安全・正確に運行するほかに、車内における多言語も含めた案内放送をはじめ、車内の温度管理、車内改札時の案内など、利用者に快適な車内空間を提供し、目的地まで安心して過ごしてもらうための環境づくりを行っている。

運転士

運転士の仕事は、列車を安全で時間どおりに運転すること。運転士になるためには、運転ルールや車両構造に関する知識を習得し、国家試験に合格しなければならない。故障時の応急処置に関する知識など、求められるものは多岐にわたる。

輸送指令

指令員は列車の運転状況、利用者の状況、気象状況など、常に列車運行にかかわる情報の把握に努めている。事故や災害発生時には、状況を瞬時に判断し、安全を確保しながらさまざまな調整を行い、列車を正常な運行に戻す役割を担う。

■列車制御システム・エネルギー・情報通信の仕事

JR 東日本の各事業を電気設備の面から支え、安全・安定輸送を利用者へ提供することを使命としている。列車の運行を制御し正確な輸送を実現する列車制御システム分野、電車や駅に電力を供給する設備を扱うエネルギー分野、鉄道運行に要する多種多様な情報通信設備を管理し ICT を活用したサービスを提供する情報通信分野の大きく 3 つの分野に分かれる。よりよいサービスを提供するため、各分野にて建設プロジェクトの推進、設備に合わせたメンテナンスを行い電気設備のレベルアップに努めている。

列車制御システム

～超高密度ダイヤを“安全”かつ“正確”に運行管理する～

JR 東日本エリア内を走る列車の本数は 1 日 12,400 本以上ある。超高密度ダイヤの中、その列車を絶対に衝突や脱線をさせないように、更なる安全・安定輸送を目指して信頼性の高い列車制御システムの構築に挑んでいる。

エネルギー

～エネルギーを発電から消費までトータルで管理する～

JR 東日本は自営の発電所で発電した電力を電車や駅に供給している。発電から消費までトータルで管理し、鉄道の安全・安定性確保や快適な駅空間の提供に努めている。また、将来のエネルギー戦略の検討も行っている。

情報通信

～ICTで鉄道事業・関連事業を支援する～

JR東日本では2万km以上の通信ケー ブルを含む様々な情報通信インフラを整備している。列車無線やIPネットワークにより鉄道事業を支えているほか、情報通信の高速･大容量化により関連事業のサービス推進に貢献している。

■車両・機械設備の仕事

会社の顔となる車両や駅設備といった鉄道オペレーションをブラッシュアップし、新しい付加価値を創造している。最先端技術を導入した鉄道車両の研究・開発や車両の安全性・快適性を向上させるメンテナンス体制の構築を行っている。開発から設計、製造、メンテナンス、改造まで車両のライフサイクルの各段階の情報を活用しフィードバックすることで、よりよい商品としての車両を提供している。また､券売機や改札機･Suicaシステム､ホームドア､エスカレーター・エレベーター、空調など機械設備の開発・設置・保守を行っている。利用者が直接触れる機器を磨き上げることで、鉄道をいつでも安全・快適に利用できる空間を生み出している。

車両

コンセプトや仕様を策定しメーカーと連携して行う車両設計、グループ会社での車両製造、安全で故障のない車両を提供するためのメンテナンス、車両のリニューアルや改良工事を手がける車両改造などを行う。

機械設備

利用者に安全かつ快適な空間を提供するため、券売機や改札機などの出改札システム、Suicaシステムをはじめ、ホームドア、エスカレーターやエレベーター、空調設備などの設計・施工管理・機器保守などを行う。

■線路・土木・建設の仕事

JR東日本が保有する線路・土木構造物をつねに健全な状態で維持できるように管理を行い、鉄道事業者の最大の使命である「安全・安定輸送」を支えているほか、駅や鉄道の持つポテンシャルを最大限に引き出す建設プロジェクトを推進することによって、さらなる利便性の向上を図り、JR東日本の経営基盤の強化や魅力ある沿線地域のまちづくりにも貢献している。

また鉄道開業以来約 150 年間続く経験をもとに、つねに最新の技術を積極的に導入し、線路･土木構造物の維持管理の効率化や自然災害に強い鉄道づくり、大規模改良プロジェクトなどにも取り組んでいる。

線路

JR 東日本が保有する約 12,000km にもおよぶ線路の維持管理を担当している。線路の状態は列車の走行安全性や乗り心地に大きく影響するため、定期的な検査を実施し厳格な基準を設け管理を行っている。

土木

橋りょうやトンネル、土工設備など JR 東日本が保有する多種多様な土木構造物の維持管理を担当しています。また、災害に強い鉄道づくりをめざし、地震対策や降雨防災対策などの防災対策工事も推進している。

建設

JR 東日本の経営基盤強化に資するプロジェクトの調査、計画、工事監理などを一貫して行っている。また、JR 東日本の事業と相乗効果を発揮するプロジェクトを国･自治体と連携し推進し、沿線の魅力あるまちづくりにも貢献している。

■建築の仕事

東京駅や新宿駅といった大規模なターミナル駅の改良や、地域の魅力を高める駅舎のリニューアル、「駅を中心とした魅力あるまちづくり」に資するための開発プロジェクトの企画･推進、環境にやさしい駅舎の計画、大規模地震対策、誰にとっても分かりやすいサイン整備などを推進している。また、グループ会社等と連携し、様々な事業の基盤となる駅施設のメンテナンスやリニューアルを行っている。

鉄道事業者のインハウスエンジニアとして、または開発を推進するプロジェクトマネージャーとして、「駅」というポテンシャルの高い建築物を中心に、建物のライフサイクルにおける様々なフェーズに携われる点が魅力だ。多角的な視点から、建築物に対する知識、技術力を発揮し、建築物の総合的なプロデューサーとして活躍している。

建築

駅を中心とした様々な建物改良・開発事業において、プロジェクトの基本構想を描く『企画』、計画を具体的な設計図に落とし込む『設計』、安全に工事が進むよう監理を行う『工事』、適切なメンテナンスや改修を行う『維持管理』などの業務に従事します。

■企画部門の仕事

JR 東日本グループ全体の舵取り役として経営の方向性を定めるとともに、現業部門のサポートをすることが企画部門の大きな役割だ。仕事内容は駅と鉄道を中心として多岐にわたる。いずれも、JR 東日本グループが持続的に成長し続けるため、経営環境の変化を先取りした施策を企画・展開し、新たな価値を社会に提供する仕事だ。

総務・経営企画・財務・人事

JR 東日本グループの総合力を高めるための経営戦略の策定、経営資源の適切な配分、専門的ノウハウを活用した各事業部門へのサポートや社内外への情報発信を行っている。重要な社会インフラを担う企業グループとしてさらに成長し続けるために、長期的視点に立ち戦略を立てながら仕事をしている。

安全

JR 東日本は「安全」を経営の最重要課題と位置づけ、安全に関わる基本計画を策定し、さまざまな安全性向上の取組みを進めている。鉄道利用者や、鉄道事業に携わる社員の安全を確保する業務を担っている。

技術革新

IoT やビッグデータ、AI などを活用し、従来の発想の枠を超えた「モビリティ革命」を実現するために、JR 東日本研究開発センター等において「安全･安心」「サービス＆マーケティング」「オペレーション＆メンテナンス」「エネルギー･環境」の４つの技術分野を中心に、140 年余りの鉄道技術の蓄積をベースとしながら、社外研究機関や海外鉄道事業者等とのオープンイノベーションを進めつつ、戦略的な研究開発を推進している。

輸送計画

各駅における乗降数や各列車の乗員人数、乗り換え動線、利用者の要望を分析し、ニーズに応えた列車ダイヤの策定を行う。また、計画したダイヤに応じた車両の運用計画や乗務員の行路を作成し、商品としての列車を作り上げる業務に従事する。

鉄道営業

東京圏の鉄道ネットワークや5方面に伸びる新幹線ネットワーク、東日本エリアに広がる地方路線を活用し、鉄道の利用を通じた人の流れを創り出していく。そのために、営業エリア内に存在する観光素材を地元と一体となって掘り起こし、その魅力を発信する旅行商品の開発を行うなど、利用者を鉄道の旅へと誘う観光開発に取り組んでいる。

Suica

あらゆる場面でSuicaを利用できるよう、Suicaの共通基盤化を推進し、Suicaの可能性を広げるビジネスを展開している。具体的には、Suica利用エリアの拡大や他の交通系ICカードとの相互利用推進、Suica電子マネーの加盟店開拓・利用促進、先進的な決済サービスとの連携、システムの開発・管理など、Suicaに関する様々な業務を行っている。

国際事業

輸送サービスを中心とした海外鉄道プロジェクトに関する戦略策定、海外取引先との交渉・契約、オペレーション・メンテナンス支援、プロジェクトマネジメント、および海外拠点の運営管理などを行っている。また、海外への日本の鉄道に関する情報発信、海外の鉄道の情報収集なども行っている。

生活サービス

「駅全体の個性を磨き、街の魅力向上を目指す「くらしづくり(まちづくり)」を実現するために、JR東日本グループが持つリソース（グループ会社、開発スペース、ネットワーク、資金、人材など）を最大限活用するグループ戦略を策定し実行する仕事。具体的には、開発プランニングとその推進、既存事業のブラッシュアップ、新規事業開発、地域活性化、それらにかかわるプロモーション計画の企画・実行や投資戦略の策定などを行っている。プロジェクトマネジメントを担う立場で、広い視野、長期的な視点をもって社内外多くの関係者を取りまとめながら仕事をしていく。

IT

JR東日本では、さまざまな情報システムを活用し、利用者の日々の生活を支えている。また、JR東日本が持つリソースと最先端のITやアイデアを掛け合わせ、社会にイノベーションを起こし、日々多様化する顧客ニーズをダイレクトに反映させたITサービスの企画を行っている。

✔ 先輩社員の声

エリア職［鉄道事業・生活サービス事業・Suica 事業に関わるビジネス戦略］

（2014 年入社）

志望動機

東日本大震災後のボランティア活動を通じて、東北地方が抱える若い世代の流出や産業衰退を肌で感じた経験が原点です。鉄道をはじめホテルや商業施設など、幅広い事業フィールドをもつ当社のリソースを活かし、モノやヒトの交流を生み出すことで、地方を元気にしたいとの想いを抱いて入社しました。

現在取り組んでいる仕事

当社では地域と一体になった地方都市の活性化を進めており、地域の顔である駅を中心とするまちづくりを推進するほか、地域の特色を活かした賑わいづくりを行っています。具体的な取り組みとして、私は岩手県内の駅開発やイベントの企画を担当しています。少子高齢化に伴ってお客さまや働き手の不足が課題となる地方では、周辺自治体や他の企業・事業者と連携し、地域全体の活性化に結び付く取り組みを進める必要があります。「交流人口・定住人口の拡大」という共通の目標を実現するために、柔軟な発想や新しいアイデアを大切にしながら、多くの関係者と議論を行い、取組みを推進しています。

印象に残っている仕事

2018 年度に盛岡駅前で開催したイベント「いわてクラフトビールまつり」の企画が印象に残っています。岩手県はビールの原料となるホップの生産量が多く、これを地域の「食」の文化にしたいと考えたことから、この企画は始まりました。多数のクラフトビール事業者や行政、グループ会社と連携し、地域の顔でもある盛岡駅前の広場でイベントを開催しました。多くの関係者を巻き込んだ事前準備には苦労もありましたが、イベント当日の会場は満員の大盛況となり、地域内外のお客さまに岩手のクラフトビールの魅力を感じてもらうことができました。「地域の良いものに目を向け、発信すること」の楽しさを感じた経験は、今の業務にも役立っています。

チャレンジしたいこと・夢・ビジョン

ホテルや駅での勤務経験を通じて、ヒトの移動の「目的」を創ることに魅力を感じています。当社のまちづくりや地域活性化事業を鉄道や観光商品と連携させて発信することで、東日本の各地域に魅力を感じ、その場所に「訪れたい」「住みたい」と思うお客さまがたくさん増える未来をめざしたいです。

入社してわかった JR 東日本の魅力

幅広い事業フィールドの中でさまざまな経験を積むことで、自らの視野を広げながら成長できる会社だと思います。柔軟な発想で新しいことにチャレンジするときには、サポートしてくれる上司や先輩方が必ずいます。若手の「まず、やってみる」というやる気や努力をサポートしてくれる体制が社内には整っています。

学生へのメッセージ

交流人口の拡大や地域活性化など、社会的課題の解決に直結する、スケールの大きな仕事をできる場が JR 東日本にはたくさんあります。また社内でいろいろな部署や仕事を経験することで、たくさんの人と出会い、多くのことを学ぶ機会があるので、自分自身の成長にもつながります。みなさんと一緒に仕事ができる日を楽しみにしています！

エリア職［輸送・車両・機械設備］　　**（2006 年入社）**

志望動機

大学では化学を専攻していましたが、元々人の動きやお金の動きに興味があり、将来は日本の経済を活性化させるような仕事がしたいと考えていました。当社は鉄道会社ですが、単に鉄道の運行だけでなく、お客さまが移動することで駅ビルや Suica などとの相乗効果で日本の経済活動に貢献しており、私のやりたいことと合致しました。

現在取り組んでいる仕事

乗務員をさまざまな面でサポートする仕事を行っています。一例として睡眠管理があります。乗務員は始発や終電に乗務することもあり、生活が不規則になりがちです。乗務中に眠気を感じてしまうこともあり、生理現象のひとつであることから、完全に眠気を防ぐ対策を立てることは困難です。そこで睡眠健康指導士という資格を取得し、睡眠のメカニズムなどの正しい知識を乗務員に啓発する仕事に取り組んでいます。乗務の合間に仮眠できる環境を整えたり、日頃の睡眠習慣を記録してアドバイスを行う機器を導入したりしました。また日中時間帯の仮眠は午後の仕事の能率アップにもつながることから、私自身も積極的に仮眠を取るようにしています。

印象に残っている仕事

2018 年の 6 月にカナダのトロントで開催されたインターナショナル・レール・ロデオ（北米の鉄道事業者主体の競技会）に参加しました。当社は北米以外の鉄道事業者として唯一参加しており、今回で 3 回目の参加となります。競技での使用言語はもちろん英語です。私は乗務員のコーチとして参加したのですが、事前の資料や動画を読み込み、実際に出場する選手と一緒になって事前学習に取り組みました。海外で使用している車両のため、日本とは異なる部分も多くとまどいもありましたが、15 チーム中第 7 位と過去最高の成績を収めることができました。海外の鉄道事業者の方々とも交流し、今までとは違った視点を養うことができました。

チャレンジしたいこと・夢・ビジョン

現在は列車の運行に直接かかわる乗務員関係の仕事をしていますが、人口減少の影響で今後は乗務員の数も減少していくことが予想されます。技術の進歩もあり、将来のドライバレス運転を視野に入れて検討が始まっていますが、機械やシステムでできること、人でなければできないことを見極め、鉄道の未来を作り上げていきたいです。

入社してわかった JR 東日本の魅力

とにかくフィールドが幅広いです。鉄道会社といえば駅員や乗務員をイメージされると思いますが、生活サービス、Suica、研究開発、海外など、さまざまな分野で社員が活躍しています。事業フィールドが広いことで、それぞれ違った考えや発想を持った社員がいてとても刺激になり、私自身の成長にもつながります。

学生へのメッセージ

公式に堂々と企業を訪問して社員の話を聞けるのは就職活動の時だけです。ぜひイメージだけで会社を決めるのではなく、実際に説明会などで社員の生の声を聞いてみてください。結果、その会社に就職しなかったとしても、その経験は決して無駄にはなりません。就職活動は社会勉強の一つだと思って楽しんでください。

エリア職［駅・乗務員］（2017年入社）

志望動機

就職活動をすすめる中で、どのような仕事をしたいかを考えたときに、以前駅を利用した際に、駅員の方からとても丁寧に対応していただいたことを思い出しました。そこで、私も同じように多くの人の旅の手助けをしたいと考え、JR東日本を志望しました。

現在取り組んでいる仕事

駅の業務を担当しており、みどりの窓口では、切符の販売や変更、改札口では乗り場や乗り換えのご案内、お忘れ物の応対などの仕事をしています。駅は毎日何万人という多くのお客さまにご利用いただいており、みどりの窓口、改札口のどちらにおいてもお客さまのご要望に素早く、丁寧、そして正確に応対すること、また、状況に応じて臨機応変に応対することが求められます。苦労することもありますが、その分やりがいも多く、駅は会社の顔であるということを日々感じることができます。

印象に残っている仕事

新幹線改札口での業務中、海外からのお客さまのご案内をした際に、お褒めの言葉をいただいたことが印象に残っています。私の拙い英語でのご案内でしたが、「ありがとう」と言葉をかけていただいて、とてもうれしかったことを今でも覚えています。私が日々数多く行う案内の一つ一つが、お客さまの旅の一部になることを改めて感じました。その経験が私の接客の基礎になっており、また、仕事へのモチベーションにつながっています。

チャレンジしたいこと・夢・ビジョン

現在は駅業務の経験しかないため、今後乗務員や企画部門を経験することで、視野を広げお客さまのニーズや課題を感じとり、「お客さまの満足」に向けて新しい事への提案・チャレンジができるような社員に成長していきたいです。

入社してわかったJR東日本の魅力

JR東日本には、社員一人ひとりが成長することができる環境が整っています。社内・社外通信教育や、海外短期留学制度など研修制度が豊富で、いろいろなことにチャレンジできるチャンスが誰にでもあります。また、一つの仕事だけではなく、幅広い仕事に携われることも魅力の一つです。

学生へのメッセージ

自分自身の就職活動を振り返ると、悩むこともあり、苦しい時期でしたが、自分自身と向き合う良い機会でもありました。焦らず、さまざまなことに挑戦してください。きっと、自分のやりたいことや、目指すことを実現できる会社に出会うことができると思います。頑張ってください。

✔ 募集要項

掲載している情報は過去ものです。
最新の情報は各企業のHP等を確認してください。

総合職

応募資格	2023年4月から2024年3月までに以下の学校を卒業(見込)・修了(見込)の方、若しくは2020年4月から2023年3月までに以下の学校を卒業・修了された方 <1>大学院(博士課程含む)、大学 <2>高等専門学校
採用予定数	50人程度 ※さらに、重点・成長分野の事業を推進する人材を、新卒・経験者問わず最大100人採用します。
仕事内容	(1) 鉄道事業・生活サービス事業・Suica事業に関わるビジネス戦略 (2)輸送・車両・機械設備 (3)線路・土木・建設(生活サービス含む) (4)建築(生活サービス含む) (5)列車制御システム・エネルギー・情報通信 (6)IT・デジタル戦略 (7)開発・不動産 (8)Suicaサービス (9)データマーケティング
選考方法	まずは、マイページ登録をしてください。その後、エントリーシートの登録および適性検査を受検していただいた方を対象に書類選考を行い、次の選考にご参加いただく方にのみ、ご連絡いたします。
入社日	2024年4月1日 ※海外から日本の大学・大学院に留学されている方、または海外の大学・大学院で学ばれている方などで、卒業・修了時期が2024年3月末以外の大学・大学院に在籍している方については、2024年4月1日以外の入社も可能です。

期待する役割	文理問わず、あらゆるビジネスフィールドで経験を積み、JR東日本グループの持つ経営資源を最大限に活用して新たな価値を社会に提供していくとともに、グループ全体のマネジメントに携わることを期待しています。
入社後の待遇	(1)契約期間／期間の定めなし (2)試用期間／あり（3箇月） (3)初任給（東京23区内勤務の場合） ＜ア＞修士了／（月給）253,870円 ＜イ＞大学卒／（月給）233,630円 ＜ウ＞高専卒／（月給）216,150円 (4)諸手当／職務手当、技能手当、時間外勤務手当、扶養手当、通勤手当など (5)昇給／年1回 (6)賞与／年2回 (7)勤務地 当社の事業エリア内 ※但し、必要によりグループ会社などへ出向する場合があります。 ※屋内の受動喫煙対策　あり(喫煙専用室設置) (8)勤務時間 勤務時間・始終業時刻、休憩時間は事業場、仕事により異なります。 例：8時30分～17時00分（休憩1時間を含む）など ※夜勤・一昼夜交代勤務がある事業場や仕事があります。 ※企画部門の他、全事業場でフレックスタイム制を導入しています。(一部対象条件有) ※2021年度の平均的な時間外勤務実績は年166時間程度。 (9)休日休暇 年間114日の休日（曜日に関わらず指定します） このほか、年次有給休暇（入社時に15日、最大20日）および慶弔休暇などがあります。 (10)福利厚生 制度：各種保険完備、財形貯蓄、グループ共済会、住宅援助金、カフェテリアプラン（選択型福利厚生制度）など 施設：寮、社宅、病院など

エリア職

応募資格	2023年4月から2024年3月までに以下の学校を卒業（見込）・修了（見込）の方、若しくは2020年4月から2023年3月までに以下の学校を卒業・修了された方 <1>大学院（博士課程含む）、大学 <2>高等専門学校 <3>短期大学 <4>専修学校、各種学校 ※<4>については高等学校を卒業された方、または専修学校の修業年限3年以上の高等課程を卒業された方に限ります。
採用予定数	260人程度 ※さらに、重点・成長分野の事業を推進する人材を、新卒・経験者問わず最大100人採用します。
仕事内容	(1)駅・乗務員 (2)車両・機械設備 (3)線路・土木・建設 (4)建築 (5)列車制御システム・エネルギー・情報通信 ※いずれの職種も、現場第一線で活躍し、その後、本社・支社の企画部門や現場管理者として活躍していただくことを期待しています。 ※仕事内容は、第2希望まで選んで応募いただきます。
選考方法	まずは、マイページ登録をしてください。その後、エントリーシートの登録および適性検査を受検していただいた方を対象に書類選考を行い、結果をご連絡いたします。
入社日	2024年4月1日 ※海外から日本の大学・大学院に留学されている方、または海外の大学・大学院で学ばれている方などで、卒業・修了時期が2024年3月末以外の大学・大学院に在籍している方については、2024年4月1日以外の入社も可能です。
期待する役割	関東・甲信越、東北の各エリアを軸にしたビジネスフィールドで地域社会の発展に深く貢献するとともに、各エリアの中核を担う人材として、マネジメントに携わっていただきます。さらに自らの意欲に応じて、幅広いフィールドで活躍することも期待しています。

入社後の待遇	(1)契約期間／期間の定めなし (2)試用期間／あり（3箇月） (3)初任給（東京23区内勤務の場合） ＜ア＞修士了／（月給）229,835円 ＜イ＞大学卒／（月給）221,785円 ＜ウ＞短期大学または専修学校(修業年限2年以上の専門課程に限る)および 高等専門学校卒／（月給）213,850円 (4)諸手当／職務手当、技能手当、時間外勤務手当、扶養手当、通勤手当など (5)昇給／年1回 (6)賞与／年2回 (7)勤務地 関東・甲信越エリア、東北エリアの各エリア内 ※関東・甲信越エリアは首都圏本部（東京）及び横浜・八王子・大宮・高崎・水戸・千葉・長野・新潟の各支社、東北エリアは東北本部（仙台）及び盛岡・秋田の各支社を指します。 ※転勤は、同一エリア内が基本となります。但し、新幹線に関わる業務を担当する場合や能力・意欲などに応じて、エリア外での勤務やグループ会社などへ出向する場合もあります。なお、入社後の数年間、他エリアで勤務する場合があります。 ※エントリー時に、関東・甲信越エリア、東北エリアの2エリアから希望エリアを選択していただきます。 ※正式な配属先については2024年3月に通知します。 ※屋内の受動喫煙対策　あり(喫煙専用室設置) (8)勤務時間 勤務時間・始終業時刻、休憩時間は事業場、仕事により異なります。 例：8時30分～17時00分（休憩1時間を含む）など ※夜勤・一昼夜交代勤務がある事業場や仕事があります。 ※企画部門の他、全事業場でフレックスタイム制を導入しています。(一部対象条件有) ※2021年度の平均的な時間外勤務実績は年166時間程度。 (9)休日休暇 年間114日の休日（曜日に関わらず指定します） このほか、年次有給休暇（入社時に15日、最大20日）および慶弔休暇などがあります。 (10)福利厚生 制度：各種保険完備、財形貯蓄、グループ共済会、住宅援助金、カフェテリアプラン（選択型福利厚生制度）など 施設：寮、社宅、病院など

✔ 採用の流れ （出典：東洋経済新報社『就職四季報』）

エントリーの時期	【総・技】3月～
採用プロセス	【総・技】ES提出・適性検査→面接（約3～4回）→内々定 <エリア職>ES提出・適性検査→面接（約2回）→内々定
採用実績数	（下表参照）
採用実績校	【文系】 （大学）日本大学，早稲田大学，明治大学，法政大学，東北大学，新潟大学，東京大学，中央大学，筑波大学，東洋大学，東海大学，高崎経済大学，群馬大学，慶應義塾大学，立教大学，東京電機大学，明星大学，東北学院大学，青山学院大学　他 【理系】※文系に含む

採用実績数

	大卒男	大卒女	修士男	修士女
2022年	172	132	60	15
2023年	133	71	50	16

職種別

	総合職	エリア職
2024年（予定）	50	260

✔2023年の重要ニュース （出典：日本経済新聞）

■ JR東日本、上越新幹線で自動運転　30年代に東京―新潟間（5/9）

JR東日本は9日、上越新幹線の東京―新潟間で、運転士のいない「ドライバーレス運転」を2030年代中ごろに導入すると発表した。添乗員付きの自動運転に相当する「GoA3」レベルの実用化を目指し、北陸新幹線でも導入を検討する。同社管内の新幹線で自動運転を取り入れるのは初めてで、運行業務の効率化につなげる。

30年代に東京―新潟間の営業列車で始めるほか、北陸新幹線の高崎―金沢間でも自動運転の導入を検討する。実用化に先立ち、新潟―新潟新幹線車両センター間の回送列車で、添乗員が同乗しない「GoA4」レベルの自動運転を20年代末に取り入れる。

JR東はJR西日本と新幹線の自動運転分野で技術協力する覚書を4月にかわした。両社が相互直通運用している北陸新幹線の「E7系」と「W7系」をベースとし、自動運転に必要なシステム開発やコスト軽減などで連携する。

■ JR東日本、東京・大井町にオフィスやホテル　25年度末（3/7）

JR東日本は7日、大井町駅（東京・品川）周辺で進める再開発計画の概要を発表した。2025年度末の開業を予定し、高さ約115メートルのオフィスビルのほか、ホテルや賃貸住宅が入る複合ビルなどを建てる。総事業費は未定としており、開発後は年間130億円の収益を見込む。

計画概要によると、再開発の対象となるのは大井町駅の北側に東西に広がる地区。JR東は社宅跡地など合計約2万9400平方メートルの敷地面積を開発する。1フロアあたりの賃貸面積が約5000平方メートルとなる大規模オフィスビルに加え、上層階が賃貸住宅、下層階がホテルとなる高層の複合ビルや低層の商業施設を整備する。品川区と連携し、災害時に広域避難場所となる約4600平方メートルの広場も整える。

深沢祐二社長は同日開いた記者会見で「エリア全体のにぎわい創出と回遊性の向上につながる街づくりを目指す」と話した。大井町に隣接する品川駅はリニア中央新幹線の始発駅となる。JR東は高輪ゲートウェイ駅（同・港）周辺などでも進める一連の再開発を通じ、こうした湾岸地域を東京の新たな玄関口とする構想を描く。

■ JR 東と東急不動産 HD、住宅開発や再エネ事業で協業(2/14)

JR 東日本と東急不動産ホールディングス（HD）は 14 日、住宅開発や再生可能エネルギー事業などで協業すると発表した。期間は 2023 年から 10 年間で、JR 東が保有する土地や建物を活用し、分譲住宅や再エネ発電施設などを開発する。東南アジアで展開する不動産開発や国内のホテル観光業でも連携し、今後 5 年間で 1000 億円程度の事業収益の創出を目指す。

まず JR 東が千葉県船橋市にもつ社宅跡地に、全 800 戸の大規模分譲住宅を開発する。敷地面積は約 4 万 5000 平方メートルで、商業施設やコミュニティー施設に加え、太陽光などの再エネ発電施設も設ける。2026 年度頃に完成する予定だ。

都内で開かれた記者会見で JR 東の深沢祐二社長は「東急不動産 HD がもつ不動産開発や環境経営のノウハウを生かした街づくりを展開する」と語った。JR 東は高輪ゲートウェイ駅（東京・港）周辺で、24 年度末の開業を目指し再開発計画を進める。将来的には都心部の大型プロジェクトでも連携する可能性を示した。

再エネ事業の拡大でも協業を進める。JR 東が沿線などに保有する遊休資産を使い、今後 5 年以内に再エネ発電施設を約 5 カ所建設する。東急不動産 HD がもつ既存の太陽光発電所を投資対象とした 100 億円規模のファンドも設立する見通し。今後 10 年間で開発案件を増やし、投資規模を 1000 億円まで拡大していく考えだ。

東急不動産 HD は 22 年 12 月末時点で開発中も含めて全国 86 カ所で太陽光や風力、バイオマスなどの再エネ発電所を保有する。太陽光発電などで開発適地の減少が進む中、JR 東の強みである自治体とのネットワークを生かし、開発拠点の拡大につなげる。東急不動産 HD の西川弘典社長は「協業を通じて地方創生にも貢献したい」と語った。

JR 東が不動産事業の拡大を目指す背景には、主力である鉄道事業の苦戦がある。同社が 1 月末に発表した 22 年 4 ～ 12 月期の運輸収入は 1 兆 581 億円。前年同期比で 3 割弱増えたものの、新型コロナウイルス感染拡大前の 18 年同期比で約 8 割の水準にとどまる。テレワークの普及などで定期収入が伸び悩み、回復に頭打ち感が出ており、非鉄道事業の育成を急いでいる。

✔2022年の重要ニュース (出典：日本経済新聞)

■長期休職制度など新設　育児休暇の分散取得も（1/20）

JR東日本が最大2年の長期休職や育児休暇の分散取得などの新制度導入を、労働組合に提案していることが20日わかった。これまでよりも休職期間の制限などを緩和し、資格取得や不妊治療などの理由で休職しやすくし、社員の柔軟なキャリア形成につなげる。

4月からの実施に向け労組と協議している。長期休職では資格取得や語学留学、不妊治療など、病気や介護などではない理由でも最大で2年まで取得可能とする。従来、留学などの場合に使われていた自己都合休職制度は原則1年までとしており、新制度では期間を延ばす。

配偶者の転勤に帯同する場合の休職も、最大で3年間を国内外問わず取得できるようにする。これまでは海外転勤の場合を対象としていたが、JR東日本の管轄外の国内への転勤の場合にも対象を広げる。

長期休職制度では全日本空輸（ANA）が2021年度から最大で2年間取得できる制度を導入しているが、他社の事例は多くはない。

育児関連では男性社員向けに産後休暇の新設も提案した。無給だが、連続して1カ月弱取得できるようにする。育児休暇ではこれまで連続したひとまとまりでの期間の取得としていたが、時期を分けて分割で休めるようにし働き方の自由度を高める。

通勤では特急列車や新幹線の利用について、従来は手当の支給対象ではなかった1区間からでの利用も対象とする（新幹線の東京—大宮間などは除く）。新型コロナウイルスの影響で在宅勤務の定着など働き方や生活仕様が変わるなか、制度設計を変え柔軟に働ける環境を整え人材の確保にもつなげるねらいだ。

■JR東日本、23年度採用3割減　91年度以降最少に（3/1）

JR東日本は1日、2023年度入社の採用者数を前年度比3割減の約500人にすると発表した。同社は1987年の民営化直後に行っていた採用抑制を1991年度に解除したが、それ以降で最少となる。鉄道利用が減り業績が低迷するなか、少ない人数で事業運営できる体制を目指しており、採用数を絞る。

各支社内の勤務が中心のエリア職を440人程度と減らす。総合職は新卒と中途採用を合わせて60人程度と22年度と変えない。旧国鉄時代に採用した職員の大量退職に備えた人材確保もめどが立ち、生産性向上や構造改革の取り組みに合わせて採用を減らす。

窓口の縮小やチケットレス化、保守作業の機械化を進めるほか、車掌が乗車しないワンマン運転に向けたシステム開発にも取り組んでいる。22年3月期は前期に比べ赤字幅は縮小するものの1600億円の最終赤字を見込んでおり、生産性向上を急ぐ。

■山手線など運賃10円値上げ　23年3月から（4/5）

JR東日本は5日、2023年3月から、山手線各駅など首都圏の一部区間の鉄道運賃を一律10円値上げすると発表した。国土交通省がホームドア設置など駅のバリアフリー化を促すために鉄道料金制度を見直したことを受けた措置。36年ごろまでに駅のホームドアの整備費などで約5900億円の費用が見込まれ、今回の値上げでその約半分をまかなう方針だ。

5日の定例記者会見で深沢祐二社長が明らかにした。国土交通省は21年12月、駅の段差解消やホームドア設置などの整備費用をまかなう目的で現行料金に一定額を上乗せすることを認めるよう制度を改正。22年から事業者の届け出を受け付けており、5日にJR東が初めて申請した。

運賃値上げの対象となる区間は、山手線各駅や埼京線の大宮―大崎など16路線278駅。これまで利用者数が多いことや私鉄との競争力維持の観点から、他の区間に比べて乗車料金を安く設定していた。定期券では6カ月分で1420円値上げし、小児料金は値上げ後の大人料金の半額とする。一連の運賃改正により年間約230億円の増収を見込む。

■鉄道人員4000人縮小へ　不動産などに再配置（8/31）

JR東日本は鉄道事業の社員数を約1割縮小する。新規採用を抑え、2025～30年に山手線などで導入するワンマン運転や保守作業のデジタル化で約4000人を減らす。新型コロナウイルス禍で減少した通勤客は回復が鈍い。鉄道の人員は不動産や流通などの成長分野へ回す方針で、コロナ後の需要の変化をにらんだ人材の再配置の動きが本格化してきた。

深沢祐二社長が日本経済新聞の取材で明らかにした。JR東で現在、鉄道事業の運営に必要な人員は約3万4000人（連結従業員数は約7万1000人）。今後の目標として3万人未満に減らす方針を示した。

早期退職などは募らず、定年退職などの自然減や非鉄道事業への配置転換で対応する。コロナ禍後に鉄道事業の大幅な人員縮小の動きが明らかになるのは大手で初めてになる。

✔2021年の重要ニュース (出典：日本経済新聞)

■ JR東、羽田新線29年度開業予定を発表　(1/20)

JR東日本は20日、羽田空港と東京都心を結ぶ「羽田空港アクセス線」について、2029年度の開業を予定すると発表した。新路線を構成する区間のうち建設工事が必要な東京貨物ターミナル（東京・品川）と空港の新駅までの約5キロで、同日付で国土交通相の鉄道事業許可を取得した。工事計画の詳細を詰め、22年度ごろの着工を目指す。

東京貨物ターミナルから山手線田町駅付近までの約7.4キロは、自社の休止路線を改良して運行する。同駅付近で東海道線に乗り入れる予定だ。羽田空港の新駅から田町駅付近までの建設費は約3000億円を見込む。

■ 2022年度採用5割減　新型コロナで圧縮（3/1）

JR東日本は1日、2022年度入社の採用を前年度比5割減の約700人とすると発表した。民営化直後の採用抑制を解除した1991年度以降で最少となる。新型コロナウイルスの流行で利用客が減っており、要員の縮小に対応する。

総合職は新卒と中途採用を合わせ60人程度で、各支社内の勤務が中心のエリア職は640人程度にする。旧国鉄時代に採用した職員の大量退職に備え、2008年度以降は採用数を1700～1800人程度まで増やしていた。補充のめどがついたとして21年度入社は約1300人を採用する方針だ。

JR東は「新型コロナの影響による経営環境の激変で事業全般の構造改革に対応する必要がある」と説明する。人員の削減は、チケットレス化や保守・点検の機械化の加速で補う考えだ。鉄道のほか、流通やホテルも需要が低迷する。21年3月期の最終損益は4500億円の赤字（前期は1984億円の黒字）と、民営化後初の赤字を見込む。コスト構造を見直し、固定費の削減を急いでいる。

■ JR東日本、常磐線で自動運転導入　3月13日から（3/8）

JR東日本は13日から常磐線各駅停車 (綾瀬―取手駅間）で自動列車運転装置（ATO）を使った運行を順次始める。8日、試運転の様子を報道陣に公開した。ATOは加速や減速を自動で行う装置で、東京地下鉄（東京メトロ）や都営地下鉄の一部路線で導入済み。JR東では初めての導入となる。

試運転では松戸―我孫子駅間を往復した。運転士が「出発、進行」と声に出し、ブレーキの解除に合わせて手元の出発ボタンを押すと、列車が動き始めた。加速や減速のハンドル操作を行わずに次の駅で停車。運転士は手元の操作がなく、進行方向の危険察知などに集中できるという。

同社は首都圏を含め広くワンマン化を検討しているが、「安全確保の観点からまだ様々な技術的課題がある」とし、常磐線各駅停車では当面、運転士と車掌の2人体制を維持する考えだ。

ATO 運転時も緊急停止した場合などは手動で操作するという。また、運転士の技量維持のため手動運転も定期的に行う。

常磐線各駅停車に乗り入れる東京メトロ千代田線の区間では既に ATO を使って自動運転をしている。JR 東は自動運転の知見を蓄積し、国家資格の必要な運転士が乗車しない「ドライバーレス運転」の実現に向けて技術開発を進める。

■7月からグループ内副業制度　人材有効活用　(6/25)

JR 東日本は7月から社員がグループ企業内で副業できる制度を始める。まず10社で希望者の募集を始めた。新型コロナウイルス禍で鉄道事業の需要減が続く中、人材をグループ内で有効活用して収益基盤の強化につなげる。社員に自身のノウハウを積極的に活用してもらうことで働きがいを感じてもらうなどの狙いもある。

運転士や事務職など約4万9千人が申し込みできる。これまで JR 東日本の制度では社外の副業について会社の許可が必要だった。新制度では本業に支障がなく、副業の労働時間が本業の残業時間と合わせて月 60 時間以内であれば認める。

グループ約 70 社が対象で、現在約 10 社がポスターのデザインや帳票管理の事務作業など合計 40 件超の募集をしている。求人する企業は徐々に増えているという。

JR 東はコロナ禍による旅客数の減少が響き、2021 年3月期は 5779 億円の最終赤字を計上した。4月からは主に鉄道の現場で働いていた社員約 100 人を商業施設運営のルミネなど異業種のグループ会社に出向させている。今回の副業制度の導入は人材流出の抑止に加え、現在連結売上高の約3割を占める非鉄道事業を将来的に5割に高めるため、社員に自発的に関与してもらう狙いもある。

コロナ禍による需要減が長びく運輸業界では雇用の確保だけでなく、働き方の見直しが相次いでいる。ANA ホールディングスは社外での副業を容認したほか、日本航空（JAL）も客室乗務員を地上職へ転換する制度を初めて導入する。

専門職が多い業界だが、コロナ禍を機に人材の活用を進めることで、需要の急激な変動があった場合でも対応できるよう事業の多角化を進める狙いもある。社員のキャリアパスを複線化することで、グループ内で人材を有効活用しやすくできるとも見込んでいる。

✔ 就活生情報

採用フローがとても不透明。このくらいに連絡が来なかったら諦めるなどと，自分で区切りをつけないとなかなか体力が続かないと感じました

エリア職 2023年度採用

エントリーシート

・形式：採用ホームページから記入
・内容：挑戦したいことの具体的な内容と，それを実現するための自身の強み

セミナー

・選考とは無関係
・服装：リクルートスーツ
・内容：業界説明や座談会。女性専用セミナーもあり女性視点での会社のことを聞くことができる。時間が短いので内容がコンパクトで聞きやすかった。

筆記試験

・形式：Webテスト
・課目：数学，算数／国語、漢字／性格テスト／クレペリン
・内容：SPI(言語，非言語，性格)，内田クレペリン検査

面接（個人・集団）

・雰囲気：普通
・回数：2回
・質問内容：志望動機(それの深堀)，希望勤務地とその理由等

内定

・拘束や指示：他の内々定を辞退してほしいとのお願いがあった
・通知方法：電話
・タイミング：予定より早い

その他受験者からのアドバイス

・面接の連絡が来てから内々定が決まるまでが早かった。
・ESの1次締切から面接の連絡まで1ヶ月程間があり，その間なんの連絡もない。

面接対策はESを印刷して，研究室の教授や友人などと練習をしたりしましょう

エリア職(首都圏，駅開発系) 2023年度採用

エントリーシート

・形式：採用ホームページから記入
・内容：入社して実現したいこととそれを達成するためのあなたの強み

セミナー

・服装とは無関係
・服装：リクルートスーツ
・内容：会社の事業の沿革の説明や，実際に行う業務の説明など

筆記試験

・形式：Webテスト
・科目：数学，算数／国語，漢字／性格テスト／クレペリン
・内容：SPIとクレペリン

面接（個人・集団）

・雰囲気：普通
・回数：2回
・質問内容：ES通り答えればいい。基本的に聞かれる内容はガクチカ，志望動機，ESの内容。最終面接ではかなり深掘りされるのでなぜその会社に入りたいのか，他社ではダメな理由などを明確化する必要あり

内定

・通知方法：電話

その他受験者からのアドバイス

・SPIは関数電卓を持っている人は絶対に使った方がいい。
・「なぜ，いつ，その中で私がしたこと，結果どうなったか，思い通りにいかなかったがそこから得られたもの」などがその場で言えるくらいだったらよほどのことがなければ面接で苦労することは無い。
・エリア職の職種によって倍率なども変わってくる

対面での面談とWeb面談両方こなすことが増えてくるので，両方の練習をしておくと良いです

総合職 2021卒

エントリーシート

・形式：採用ホームページから記入
・内容：長所を活かして将来企業で実現したいこと

セミナー

・選考とは無関係
・服装：リクルートスーツ
・内容：社員との座談会や逆質問，事業説明

筆記試験

・形式：Webテスト
・科目：SPI（数学，算数／国語，漢字／性格テスト）

面接（個人・集団）

・雰囲気：和やか
・回数：5回
・質問内容：学生時代に頑張ってきたこと，長所，短所，研究内容（事業との関連），入社してやりたいこと

内定

・拘束や指示：特になし
・通知方法：電話
・タイミング：予定より早い

▶ その他受験者からのアドバイス

・採用のテンポが速く，面接も和やか。
・エリア外の地方民でも交通費が全額支給。
・新型コロナウイルスの関係で，対面での説明会の回数が少ない

セミナーには何度も行っておきましょう。

エリア職 2021卒

エントリーシート

・形式：採用ホームページから記入

・内容：ガクチカ，自己PR，入社してやってみたいこと

セミナー

・筆記や面接などが同時に実施される，選考と関係あり

・服装：リクルートスーツ

・内容：今年度はコロナウイルスの影響で中止になったが，志望度が高い人は何回でもセミナーには行ったほうが良い

筆記試験

・形式：Webテスト

・科目：クレペリン，SPI（数学，算数／国語，漢字／性格テスト／事務処理テスト）

面接（個人・集団）

・質問内容：1次面接→ガクチカ，ガクチカの内容に対しての質問，どのような社会人になりたいか，勤務地・志望職種の確認，会社の課題は何か，駅や乗務員の仕事もあるが大丈夫か。最終面接→JR東日本に興味を持った理由（志望動機含め），入社して取り組みたい業務，夜勤・転勤・土日出勤は大丈夫か，自分の性格的向いている仕事，ガクチカ，挫折した経験，志望度・他の選考状況，その後やりたい事についての深堀

内定

・拘束や指示：就職活動終了の指示

・通知方法：電話

・タイミング：予定通り

▶ その他受験者からのアドバイス

・支社によって選考フローがバラバラ

どんな事がしたいか，できるかなどを，経験に基づき説明できるようにしておくとよいでしょう

総合職 2021卒

エントリーシート

・形式：採用ホームページから記入

・内容：長所を活かして将来企業で実現したいこと

セミナー

・選考とは無関係

・服装：リクルートスーツ

・内容：一般的な内容。社員との座談会や逆質問，事業説明

筆記試験

・形式：Webテスト

・科目：SPI(数学/算数，国語/漢字，性格テスト)

面接（個人・集団）

・雰囲気：和やか

・回数：5回

・質問内容：学生時代に頑張ったこと，長所と短所，研究内容（事業内容と関連しているかなど），入社してからやりたいことについて

内定

・拘束や指示：他社の就職活動状況について聞かれた。承諾まで少し待ってもらった

・通知方法：電話

▶ その他受験者からのアドバイス

・企業情報については自分から積極的に情報を取りにいくことが重要。

・対面での面談とWeb面談の両方を練習するとよい。

・採用活動が予定より早かった。

・エリア外でも交通費は全額支給される

企業研究は自分がどうしたいかを考えながら行いましょう。鉄道業界に限らず様々な業界を見ることも必要です

エリア職 2021卒

エントリーシート

・形式：採用ホームページから記入
・内容：自己PR，入社してからやってみたいこと，学生時代に力を入れたこと

セミナー

・選考と関係あり
・服装：リクルートスーツ
・内容：業界の説明，業務内容の説明

筆記試験

・形式：Webテスト
・科目：SPI(数学/算数，国語/漢字，性格テスト)，事務処理テスト，内田クレペリン検査，健康診断

面接（個人・集団）

・雰囲気：和やか
・回数：2回
・質問内容：一次面接では学生時代に力を入れたこと，どのような社会人になりたいか，勤務地・志望動機の確認，会社の課題について駅や乗務員の仕事の可否。最終面接では当社に興味を持った理由，入社してから取り組みたい業務，夜勤・転勤・土日出勤の可否，自分の性格に向いている仕事，学生時代に力を入れたこと，卒業論文の内容，挫折経験，志望度と他社の選考状況

内定

・拘束や指示：内々定連絡の際に他社の選考を辞めるように言われた
・通知方法：電話

その他受験者からのアドバイス

・希望する支社により選考フローがバラバラ
・最終面接は役員が担当した
・セミナーは選考に関係するので面接のつもりで何回でも行った方がよい

自分なりに会社のイメージをつかむことが大切。ありきたりな志望理由でもオリジナルの言葉で伝えられると好印象を与えられます

プロフェッショナル職（乗務員） 2020卒

エントリーシート

・形式：採用ホームページから記入

・内容：自己PR，希望フィールドと希望職種（駅・乗務員は希望フィールドのみ），希望職種の志望動機，希望勤務エリア

セミナー

・選考とは無関係

・服装：リクルートスーツ

・内容：最初は会社説明，その後現職の社員と座談会。多数のフィールドから社員が来て話を聞ける，楽しい雰囲気

筆記試験

・形式：Webテスト

・科目：SPI（数学／算数，国語／漢字，性格テスト）と内田クレペリン検査

面接（個人・集団）

・質問内容：グループ面接は自己PR，志望理由，JR東日本関連で最近気になるニュース。個人面接は学生時代に頑張ったこと，志望理由の深堀り，仕事とは何か，夜勤などの勤務体制の確認，JR東日本の改善点

内定

・拘束や指示：他社の選考は辞退してほしいといわれた

・通知方法：電話

▶ その他受験者からのアドバイス

・最終選考（グループディスカッションと面接）が同日

・一次選考の結果が遅め

・SPI，テストセンター対策が大事

・適性や書類よりも面接が非常に大事

予め大学のキャリアセンターで選考内容や質問内容は調べていたため、余裕をもって臨むことができた

プロフェッショナル職 2019卒

エントリーシート

・形式：提出方法・結果通知方法は，マイページ上で

・結果通知時期は，１ヶ月程度

セミナー

・ワークショップ

・所要時間：4時間30分

・内容：保守基地および変電設備等の見学，および座談会

筆記試験

・形式：SPI

・実施場所は，専用試験会場。結果通知時期は，１ヶ月程度

面接（個人・集団）

・質問内容：面接待機中の心境など，アイスブレイク。自己PR，学チカおよびその深掘り。GDの手ごたえ。これまでの選考に点数をつけるとしたら何点か。

・グループディスカッションがあったが，発言内容よりはメンバーとコミュニケーションを取れているかどうかを見ている気がした。

内定

・承諾検討期間は，（懇親会出席も含めて）２週間程度

その他受験者からのアドバイス

・予め大学のキャリアセンターで選考内容や質問内容は調べていたため，余裕をもって臨むことができた。また前のGDで自分なりにベストを尽くせたことから，より一層自信につながった。駅・乗務員は接客業でもあるから，面接では対話部分も重視しているのだと合点した。

プロフェッショナル職 2018卒

エントリーシート

・形式：採用ホームページから記入

・内容：業種志望理由。自己PR(学生時代頑張ったこと)

セミナー

・選考とは無関係

・服装：リクルートスーツ

・内容：企業紹介。複数の社員による座談形式の説明会

筆記試験

・形式：Webテスト

・科目：SPI（数学，算数／国語，漢字／性格テスト／クレペリン）

面接（個人・集団）

・雰囲気：和やか

・回数：2回

・質問内容：面接は1日に集団と個人両方。JR東日本の欠点

内定

・拘束や指示：内々定の承諾にあたり，内定辞退と就活終了を迫られる

・通知方法：電話

・タイミング：面接から1日後に非通知で内々定の連絡。予定より早かった

その他受験者からのアドバイス

・よかった点は，結果が早かったこと

面接では掘り下げた質問が多く，よく見ていただけるので，特に企業研究と自己分析は大切です

駅乗務員 2018卒

エントリーシート

・形式：採用ホームページから記入
・内容：自己PR(学生時代に力を入れてきたことなど)，選択した職種を志望する理由を具体的に

セミナー

・選考とは無関係
・服装：リクルートスーツ
・内容：はじめに全体で企業の紹介をし，その後フィールドごとに分かれて座談会形式での質問や説明

筆記試験

・形式：Webテスト
・科目：数学，算数／国語，漢字／クレペリン

面接（個人・集団）

・質問内容：自己紹介，志望理由，友人に悩みがあるとき声をかけるか

内定

・拘束や指示：他社の内定辞退
・通知方法：電話
・タイミング：予定通り

その他受験者からのアドバイス

・面接官の方が和ませてくれる
・話をよく聞いてくれる
・最終の結果がサイレント

✔ 有価証券報告書の読み方

01 部分的に読み解くことからスタートしよう

「有価証券報告書（以下，有報）」という名前を聞いたことがある人も少なくはないだろう。しかし，実際に中身を見たことがある人は決して多くはないのではないだろうか。有報とは上場企業が年に１度作成する，企業内容に関する開示資料のことをいう。開示項目には決算情報や事業内容について，従業員の状況等について記載されており，誰でも自由に見ることができる。

一般的に有報は，証券会社や銀行の職員，または投資家などがこれを読み込み，その後の戦略を立てるのに活用しているイメージだろう。その認識は間違いではないが，だからといって就活に役に立たないというわけではない。就活を有利に進める上で，お得な情報がふんだんに含まれているのだ。ではどの部分が役に立つのか，実際に解説していく。

■有価証券報告書の開示内容

では実際に，有報の開示内容を見てみよう。

有価証券報告書の開示内容

第一部【企業情報】
- 第１　【企業の概況】
- 第２　【事業の状況】
- 第３　【設備の状況】
- 第４　【提出会社の状況】
- 第５　【経理の状況】
- 第６　【提出会社の株式事務の概要】
- 第７　【提出会社の状参考情報】

第二部【提出会社の保証会社等の情報】
- 第１　【保証会社情報】
- 第２　【保証会社以外の会社の情報】
- 第３　【指数等の情報】

有報は記載項目が統一されているため，どの会社に関しても同じ内容で書かれている。このうち就活において必要な情報が記載されているのは，第一部の第1【企業の概況】～第5【経理の状況】まで，それ以降は無視してしまってかまわない。

02 企業の概況の注目ポイント

第1【企業の概況】には役立つ情報が満載。そんな中，最初に注目したいのは，冒頭に記載されている【主要な経営指標等の推移】の表だ。

回次		第25期	第26期	第27期	第28期	第29期
決算年月		平成24年３月	平成25年３月	平成26年３月	平成27年３月	平成28年３月
営業収益	(百万円)	2,532,173	2,671,822	2,702,916	2,756,165	2,867,199
経常利益	(百万円)	272,182	317,487	332,518	361,977	428,902
親会社株主に帰属する当期純利益	(百万円)	108,737	175,384	199,939	180,397	245,309
包括利益	(百万円)	109,304	197,739	214,632	229,292	217,419
純資産額	(百万円)	1,890,633	2,048,192	2,199,357	2,304,976	2,462,537
総資産額	(百万円)	7,060,409	7,223,204	7,428,303	7,605,690	7,789,762
１株当たり純資産額	(円)	4,738.51	5,135.76	5,529.40	5,818.19	6,232.40
１株当たり当期純利益	(円)	274.89	443.70	506.77	458.95	625.82
潜在株式調整後１株当たり当期純利益	(円)	—	—	—	—	—
自己資本比率	(%)	26.5	28.1	29.4	30.1	31.4
自己資本利益率	(%)	5.9	9.0	9.5	8.1	10.4
株価収益率	(倍)	19.0	17.4	15.0	21.0	15.5
営業活動によるキャッシュ・フロー	(百万円)	558,650	588,529	562,763	622,762	673,109
投資活動によるキャッシュ・フロー	(百万円)	△370,684	△465,951	△474,697	△476,844	△499,575
財務活動によるキャッシュ・フロー	(百万円)	△152,428	△101,151	△91,367	△86,636	△110,265
現金及び現金同等物の期末残高	(百万円)	167,525	189,262	186,057	245,170	307,809
従業員数［ほか、臨時従業員数］	(人)	71,729 [27,746]	73,017 [27,312]	73,551 [27,736]	73,329 [27,313]	73,053 [26,147]

見慣れない単語が続くが，そう難しく考える必要はない。特に注意してほしいのが，**営業収益**，**経常利益**の二つ。営業収益とはいわゆる**総売上額**のことであり，これが企業の本業を指す。その営業収益から営業費用（営業費（販売費＋一般管理費）＋売上原価）を差し引いたものが**営業利益**となる。会社の業種はなんであれ，モノを顧客に販売した合計値が営業収益であり，その営業収益から人件費や家賃，広告宣伝費などを差し引いたものが営業利益と覚えておこう。対して経常利益は営業利益から本業以外の損益を差し引いたもの。いわゆる金利による収益や不動産収入などがこれにあたり，本業以外でその会社がどの程度の力をもっているかをはかる絶好の指標となる。

■会社のアウトラインを知れる情報が続く。

この主要な経営指標の推移の表につづいて,「会社の沿革」,「事業の内容」,「関係会社の状況」「従業員の状況」などが記載されている。自分が試験を受ける企業のことを，より深く知っておくにこしたことはない。会社がどのように発展してきたのか，主としている事業はどのようなものがあるのか，従業員数や平均年齢はどれくらいなのか，志望動機などを作成する際に役立ててほしい。

03 事業の状況の注目ポイント

第2となる【事業の状況】において，最重要となるのは**業績等の概要**といえる。ここでは1年間における収益の増減の理由が文章で記載されている。「○○という商品が好調に推移したため，売上高は△△になりました」といった情報が，比較的易しい文章で書かれている。もちろん，損失が出た場合に関しても包み隠さず記載してあるので，その会社の1年間の動向を知るための格好の資料となる。

また，業績については各事業ごとに細かく別れて記載してある。例えば鉄道会社ならば，①運輸業，②駅スペース活用事業，③ショッピング・オフィス事業，④その他といった具合だ。**どのサービス・商品がどの程度の売上を出したのか**，会社の持つ展望として，今後**どの事業をより活性化**していくつもりなのか，などを意識しながら読み進めるとよいだろう。

■「対処すべき課題」と「事業等のリスク」

業績等の概要と同様に重要となるのが，「**対処すべき課題**」と「**事業等のリスク**」の2項目といえる。ここで読み解きたいのは，その会社の**今後の伸びしろ**について。いま，会社はどのような状況にあって，どのような課題を抱えているのか。また，その課題に対して取られている対策の具体的な内容などから経営方針などを読み解くことができる。リスクに関しては法改正や安全面，他の企業の参入状況など，会社にとって決してプラスとは言えない情報もつつみ隠さず記載してある。客観的にその会社を再評価する意味でも，ぜひ目を通していただきたい。

次代を担う就活生にとって，ここの情報はアピールポイントとして組み立てやすい。「新事業の○○の発展に際して……」,「御社が抱える●●というリスクに対して……」などという発言を面接時にできれば，面接官の心証も変わってくるはずだ。

04 経理の状況の注目ポイント

最後に注目したいのが，第5【経理の状況】だ。ここでは，簡単にいえば【主要な経営指標等の推移】の表をより細分化した表が多く記載されている。ここの情報をすべて理解するのは，簿記の知識がないと難しい。しかし，そういった知識があまりなくても，読み解ける情報は数多くある。例えば**損益計算書**などがそれに当たる。

連結損益計算書

(単位：百万円)

	前連結会計年度 (自 平成26年4月1日 至 平成27年3月31日)	当連結会計年度 (自 平成27年4月1日 至 平成28年3月31日)
営業収益	2,756,165	2,867,199
営業費		
運輸業等営業費及び売上原価	1,806,181	1,841,025
販売費及び一般管理費	※1 522,462	※1 538,352
営業費合計	2,328,643	2,379,378
営業利益	427,521	487,821
営業外収益		
受取利息	152	214
受取配当金	3,602	3,703
物品売却益	1,438	998
受取保険金及び配当金	8,203	10,067
持分法による投資利益	3,134	2,565
雑収入	4,326	4,067
営業外収益合計	20,858	21,616
営業外費用		
支払利息	81,961	76,332
物品売却損	350	294
雑支出	4,090	3,908
営業外費用合計	86,403	80,535
経常利益	361,977	428,902
特別利益		
固定資産売却益	※4 1,211	※4 838
工事負担金等受入額	※5 59,205	※5 24,487
投資有価証券売却益	1,269	4,473
その他	5,016	6,921
特別利益合計	66,703	36,721
特別損失		
固定資産売却損	※6 2,088	※6 1,102
固定資産除却損	※7 3,957	※7 5,105
工事負担金等圧縮額	※8 54,253	※8 18,346
減損損失	※9 12,738	※9 12,297
耐震補強重点対策関連費用	8,906	10,288
災害損失引当金繰入額	1,306	25,085
その他	30,128	8,537
特別損失合計	113,379	80,763
税金等調整前当期純利益	315,300	384,860
法人税、住民税及び事業税	107,540	128,972
法人税等調整額	26,202	9,326
法人税等合計	133,742	138,298
当期純利益	181,558	246,561
非支配株主に帰属する当期純利益	1,160	1,251
親会社株主に帰属する当期純利益	180,397	245,309

主要な経営指標等の推移で記載されていた**経常利益**の算出する上で必要な営業外収益などについて，詳細に記載されているので，一度目を通しておこう。

いよいよ次ページからは実際の有報が記載されている。ここで得た情報をもとに有報を確実に読み解き，就職活動を有利に進めよう。

✔ 有価証券報告書

※抜粋

企業の概況

1　主要な経営指標等の推移

（1）　最近５連結会計年度に係る主要な経営指標等の推移

回次		第32期	第33期	第34期	第35期	第36期
決算年月		2019年３月	2020年３月	2021年３月	2022年３月	2023年３月
営業収益	(百万円)	3,002,043	2,946,639	1,764,584	1,978,967	2,405,538
経常利益又は経常損失（△）	(百万円)	443,267	339,525	△579,798	△179,501	110,910
親会社株主に帰属する当期純利益又は親会社株主に帰属する当期純損失（△）	(百万円)	295,216	198,428	△577,900	△94,948	99,232
包括利益	(百万円)	295,928	173,329	△565,771	△100,543	96,459
純資産額	(百万円)	3,094,378	3,173,427	2,557,361	2,418,110	2,497,713
総資産額	(百万円)	8,359,676	8,537,059	8,916,420	9,091,424	9,351,899
１株当たり純資産額	(円)	8,046.93	8,340.01	6,719.93	6,348.57	6,566.64
１株当たり当期純利益又は当期純損失（△）	(円)	773.26	524.91	△1,531.91	△251.69	263.38
潜在株式調整後１株当たり当期純利益	(円)	−	−	−	−	−
自己資本比率	(%)	36.7	36.9	28.4	26.3	26.4
自己資本利益率	(%)	10.0	6.4	△20.3	△3.9	4.1
株価収益率	(倍)	13.8	15.6	−	−	27.8
営業活動によるキャッシュ・フロー	(百万円)	663,801	548,692	△189,968	190,506	581,755
投資活動によるキャッシュ・フロー	(百万円)	△594,425	△701,601	△749,397	△526,358	△565,511
財務活動によるキャッシュ・フロー	(百万円)	△120,693	43,409	983,385	304,642	26,830
現金及び現金同等物の期末残高	(百万円)	263,739	153,794	197,960	171,023	215,000
従業員数［ほか、臨時従業員数］	(人)	72,402［26,632］	71,812［26,603］	71,973［26,185］	71,240［25,076］	69,235［24,190］

（注）1　各期の連結子会社数および持分法適用関連会社数は次のとおりであります。（　）は外数で持分法適用関連会社数を示しております。第32期－70社（5社），第33期－71社（6社），第34期－71社（6社），第35期－69社（6社），第36期－69社（11社）

2　潜在株式調整後1株当たり当期純利益については，潜在株式がないため，記載しておりません。

---

point　主要な経営指標等の推移

数年分の経営指標の推移がコンパクトにまとめられている。見るべき箇所は連結の売上，利益，株主資本比率の3つ。売上と利益は順調に右肩上がりに伸びているか，逆に利益で赤字が続いていたりしないかをチェックする。株主資本比率が高いとリーマンショックなど景気が悪化したときなどでも経営が傾かないという安心感がある。

3　第34期および第35期の株価収益率については，親会社株主に帰属する当期純損失のため，記載しておりません。

4　1株当たり純資産額，1株当たり当期純利益又は当期純損失，自己資本比率，自己資本利益率および株価収益率については，表示単位未満の端数を四捨五入して表示しております。

5「収益認識に関する会計基準」（企業会計基準第29号　2020年3月31日）等を第35期の期首から適用しており，第35期以降に係る主要な経営指標等については，当該会計基準等を適用した後の指標等となっております。

(2)　提出会社の最近５事業年度に係る主要な経営指標等の推移

回次		第32期	第33期	第34期	第35期	第36期
決算年月		2019年３月	2020年３月	2021年３月	2022年３月	2023年３月
営業収益	(百万円)	2,113,362	2,061,078	1,184,145	1,424,150	1,765,512
経常利益又は経常損失（△）	(百万円)	354,852	260,136	△517,715	△177,718	46,001
当期純利益又は当期純損失（△）	(百万円)	251,165	159,053	△506,631	△99,159	52,423
資本金	(百万円)	200,000	200,000	200,000	200,000	200,000
発行済株式総数	(千株)	381,822	377,932	377,932	377,932	377,932
純資産額	(百万円)	2,513,699	2,551,346	2,014,228	1,872,184	1,880,403
総資産額	(百万円)	7,688,566	7,840,416	8,172,474	8,334,994	8,527,381
１株当たり純資産額	(円)	6,589.10	6,756.71	5,334.28	4,958.12	4,979.91
１株当たり配当額 (うち１株当たり中間配当額)	(円)	150 (75)	165 (82.5)	100 (50)	100 (50)	100 (50)
１株当たり当期純利益又は当期純損失（△）	(円)	657.31	420.35	△1,341.71	△262.60	138.83
潜在株式調整後１株当たり当期純利益	(円)	－	－	－	－	－
自己資本比率	(%)	32.7	32.5	24.6	22.5	22.1
自己資本利益率	(%)	10.3	6.3	△22.2	△5.1	2.8
株価収益率	(倍)	16.2	19.5	－	－	52.8
配当性向	(%)	22.8	39.3	－	－	72.0
従業員数	(人)	46,019	44,830	44,137	43,013	41,147
株主総利回り (比較指標：TOPIX(配当込み))	(%) (%)	109.8 (95.0)	86.1 (85.9)	83.7 (122.1)	77.3 (124.6)	80.6 (131.8)
最高株価	(円)	11,145	10,935	8,881	8,569	8,280
最低株価	(円)	9,063	7,060	5,446	6,373	6,510

(注) 1　潜在株式調整後1株当たり当期純利益については，潜在株式がないため，記載しておりません。

2　第34期および第35期の株価収益率および配当性向については，当期純損失のため，記載しており

point 株主還元重視の安定配当

株主還元の実績を見ると，過去10年間に増配6回，減配なしという素晴らしい実績だ。配当金は，基本的に利益の増加とともに増加し，一方で利益減少時にも横ばいで，高い安定性を保っている。今後利益の拡大につれて，株主還元も増えていくだろう。

ません。

3 1株当たり純資産額，1株当たり当期純利益又は当期純損失，自己資本比率，自己資本利益率，株価収益率，配当性向および株主総利回りについては，表示単位未満の端数を四捨五入して表示しております。

4 最高・最低株価は，第36期より東京証券取引所プライム市場におけるものであり，それ以前については東京証券取引所市場第一部におけるものであります。

5 「収益認識に関する会計基準」（企業会計基準第29号　2020年3月31日）等を第35期の期首から適用しており，第35期以降に係る主要な経営指標等については，当該会計基準等を適用した後の指標等となっております。

2【沿革】

年月	事項
1987年4月	・東日本旅客鉄道株式会社を設立，日本国有鉄道（以下「国鉄」という）の事業等を引き継ぎ，旅客鉄道事業，旅客自動車運送事業等を開始（当社を含む6旅客鉄道株式会社および日本貨物鉄道株式会社が設立され，国鉄は日本国有鉄道清算事業団（現独立行政法人鉄道建設・運輸施設整備支援機構）に移行）
7月	・東日本キヨスク株式会社（現株式会社JR東日本クロスステーション）の株式取得，子会社化（現連結子会社）
1988年4月	・関連事業の推進体制の強化等を目的に，開発事業本部を設置 ・バス事業部門を分離するため，ジェイアールバス東北株式会社およびジェイアールバス関東株式会社を設立し，営業譲渡（現連結子会社）
5月	・株式会社ジェイアール東日本企画を設立（現連結子会社）
1989年4月	・ジェイアール東日本高架開発株式会社（現株式会社ジェイアール東日本都市開発）を設立（現連結子会社）
11月	・情報システム部門を分離するため，株式会社ジェイアール東日本情報システム（現株式会社JR東日本情報システム）を設立し，営業譲渡（現連結子会社）
1990年3月	・日本食堂株式会社（現株式会社JR東日本クロスステーション）の株式取得，子会社化（現連結子会社）
4月	・東京圏駅ビル開発株式会社（現株式会社アトレ）を設立（現連結子会社）
8月	・ジェイアール東日本ビルテック株式会社（現JR東日本ビルテック株式会社）を設立（現連結子会社）
1991年6月	・東北および上越新幹線東京～上野間（営業キロ3.6km）の営業を開始
10月	・東北および上越新幹線鉄道に係る鉄道施設（車両を除く）を新幹線鉄道保有機構（現独立行政法人鉄道建設・運輸施設整備支援機構）から譲受け

沿革

どのように創業したかという経緯から現在までの会社の歴史を年表で知ることができる。過去に行った重要なM＆Aなどがいつ行われたのか，ブランド名はいつから使われているのか，いつ頃から海外進出を始めたのか，など確認することができて便利だ。

1992年 4 月	・ジェイアール東日本メカトロニクス株式会社（現JR東日本メカトロニクス株式会社）を設立（現連結子会社）
7 月	・東北新幹線から奥羽線（福島～山形間）へ直接乗り入れる山形新幹線（通称）の運転を開始
1993年10月	・日本国有鉄道清算事業団（現独立行政法人鉄道建設・運輸施設整備支援機構）所有の当社株式250万株の売却 ・東京，大阪，名古屋の各証券取引所市場第一部および新潟証券取引所に株式上場幹線（通称）の運転を開始
1996年10月	・東京地域本社（現首都圏本部）の一部を分離し，横浜支社を設置
1997年 3 月	・東北新幹線から田沢湖線（盛岡～大曲間）および奥羽線（大曲～秋田間）へ直接乗り入れる秋田新
6 月	・関連事業本部と開発事業本部を統合し，事業創造本部を設置
9 月	・本社を東京都千代田区から東京都渋谷区へ移転
10月	・北陸新幹線高崎～長野間（営業キロ117.4km）の営業を開始
1998年 4 月	・東京地域本社（現首都圏本部）の一部を分離し，八王子支社を設置
1999年 8 月	・日本鉄道建設公団（現独立行政法人鉄道建設・運輸施設整備支援機構）所有の当社株式100万株の売却
9 月	・弘済整備株式会社（現株式会社JR東日本環境アクセス）の株式取得，子会社化（現連結子会社）
12月	・山形新幹線（通称）の奥羽線乗り入れ区間を新庄駅まで延伸し，運転を開始
2000年 4 月	・社員教育の充実・強化を目的に，JR東日本総合研修センターを設置
2001年 4 月	・東京支社（現首都圏本部）の一部を分離し，大宮支社を設置
12月	・「旅客鉄道株式会社及び日本貨物鉄道株式会社に関する法律の一部を改正する法律」が施行，当社は「旅客鉄道株式会社及び日本貨物鉄道株式会社に関する法律」の適用対象から除外 ・分散していた社内の研究開発拠点を統合し，JR東日本研究開発センターを開設2002年2月・東京モノレール株式会社の株式取得，子会社化（現連結子会社）
6 月	・日本鉄道建設公団（現独立行政法人鉄道建設・運輸施設整備支援機構）所有の当社株式50万株の売却，完全民営化
12月	・東北新幹線盛岡～八戸間（営業キロ96.6km）の営業を開始
2003年11月	・中央保健管理所の移転に伴い，名称をJR東日本健康推進センターに変更
2005年 4 月	・株式会社ホテルメトロポリタンが，株式会社ホテルエドモントおよび（旧）日本ホテル株式会社と合併し，日本ホテル株式会社に商号変更（現連結子会社）
7 月	・ITビジネスを迅速に推進することを目的に，IT事業本部を設置

point 本業以外の事業拡大余地が大きい

JR各社は，国鉄の分割民営化後には鉄道事業に特化した時代が続いたが，2001 年のJR 会社法の適用対象からの除外，完全民営化以降，経営の多角化が進んでいった。したがって，私鉄と比べると鉄道事業以外の比率は依然として小さく，特にJR 東日本は沿線の開発余地や事業拡大の余地が大きい。

2006年7月	・株式会社ジェイアール東日本ビルディング（現株式会社JR東日本ビルディング）を設立（現連結子会社）
2007年1月	・東京電気工事事務所の名称を東京電気システム開発工事事務所に変更
7月	・鉄道事業本部のSuica事業をIT事業本部に移管し，名称をIT・Suica事業本部に変更
2009年4月	・発電・給電業務の再編を目的に，エネルギー管理センターを設置
2010年2月	・クレジットカード事業を，吸収分割により株式会社ビューカードに承継（現連結子会社）
12月	・東北新幹線八戸～新青森間（営業キロ81.8km）の営業を開始
2012年4月	・東急車輌製造株式会社の鉄道車両等の製造および販売に係る経営権を取得し，株式会社総合車両製作所として子会社化（現連結子会社）
2014年4月	・新津車両製作所の鉄道車両製造事業を，吸収分割により株式会社総合車両製作所に承継
7月	・検査・診断業務のレベルアップ等を目的に，構造技術センターを本社附属機関として整備
2015年3月	・北陸新幹線長野～上越妙高間（営業キロ59.5km）の営業を開始
2017年6月	・国際業務推進体制の強化を目的に，国際事業本部を設置 ・新幹線の安全・安定輸送のレベルアップとサービス品質のさらなる向上を目的に，新幹線運行本部を地方機関から本社附属機関に変更
2018年6月	・お客さまに新たなサービス・価値を提供する体制の強化を図ることを目的に，技術イノベーション推進本部を設置
2019年4月	・新幹線におけるさらなる安全レベル・サービス品質レベルの向上を目的に，本社，支社の新幹線に関わる業務および新幹線運行本部の業務を集約・統合し，統括機関として新幹線統括本部を設置
2020年4月	・株式会社日本レストランエンタプライズが，ジェイアール東日本フードビジネス株式会社と合併し，株式会社JR東日本フーズ（現株式会社JR東日本クロスステーション）に商号変更（現連結子会社）
2020年6月	・Suica・MaaS・データマーケティングを三位一体で推進するため，技術イノベーション推進本部のMaaS事業推進部門と，IT・Suica事業本部を統合し，MaaS・Suica推進本部を設置
2021年4月	・株式会社JR東日本リテールネットが，株式会社JR東日本フーズ，株式会社JR東日本ウォータービジネスおよび株式会社鉄道会館と合併し，株式会社JR東日本クロスステーションに商号変更（現連結子会社）

point 事業の内容

会社の事業がどのようにセグメント分けされているか，そして各セグメントではどのようなビジネスを行っているかなどの説明がある。また最後に事業の系統図が載せてあり，本社，取引先，国内外子会社の製品・サービスや部品の流れが分かる。ただセグメントが多いコングロマリットをすぐに理解するのは簡単ではない。

2022年6月	・グループ全体の経営戦略や将来像の策定・新事業の創造など戦略的業務を強化するため，本社を1室6本部16部から5本部5部に再編し，新たにグループ経営戦略本部，マーケティング本部およびイノベーション戦略本部を設置 ・建設部門の工事事務所は名称を建設プロジェクトマネジメントオフィスに変更し，東北工事事務所の電気部門を東京電気システム開発工事事務所などと統合し，電気システムインテグレーションオフィスに名称と体制を変更
10月	・各支社の管轄する範囲をベースに「首都圏」「東北」「新潟」の3つのエリアに区分けし，東京支社を首都圏本部，仙台支社を東北本部に名称を変更

（注） 現業機関については，2022年10月から2023年6月にかけ，本社・支社などの企画部門で担う業務の一部を現業機関へ移管し，順次新たな運営体制となります。車両部門では，各支社に所属する車両センター，総合車両センターを首都圏本部，東北本部または新潟支社の現業機関とし，設備部門・電気部門では，各系統で設備技術センターを新設しております。

3 事業の内容

当社および当社の関係会社（子会社 134社および関連会社 74社（2023年3月 31日現在））においては，運輸事業，流通・サービス事業，不動産・ホテル事業，その他の事業を行っております。各事業における当社および当社の関係会社の位置づけ等は次のとおりであります。

なお，次の区分は「第5　経理の状況　1（1）連結財務諸表　注記事項」に掲げるセグメント情報の区分と同一であります。

（1） 運輸事業

鉄道事業を中心とした旅客運送事業のほか，旅行業，清掃整備業，駅業務運営業，建設・設備工事業，鉄道車両製造事業および鉄道車両メンテナンス事業等を展開しております。当社の鉄道事業の営業エリアは，主として関東および東北地方の1都16県にわたり，駅数は1,629駅，営業キロは在来線が6,108.0km，新幹線が1,194.2km，総合計は7,302.2kmとなっております。当社の路線図は「第1　企業の概況　3　事業の内容」末尾に表示しております。

主な関係会社：当社（鉄道旅客運送事業等）

（自動車・鉄道旅客運輸サービス）◎ジェイアールバス関東（株），

point いち早く完全民営化を達成

2002年に国が保有する株式が全株売却され1987年に発足したJR東日本は名実ともに完全民営化された。これに先立って，2001年12月にJR3社はJR会社法の適用対象から除外となり，代表取締役の選任や定款変更，社債募集などに国土交通大臣の認可が必要とされる規制が撤廃されていた。

◎東京モノレール（株）

（旅行業）　◎（株）JR東日本びゅうツーリズム＆セールス，
○（株）JTB

（清掃整備業）　◎（株）JR東日本環境アクセス

（駅業務運営業）　◎（株）JR東日本ステーションサービス

（建設・設備工事業）　◎JR東日本ビルテック（株），
○東鉄工業（株），
○第一建設工業（株），
○日本電設工業（株），
○日本リーテック（株），
○鉄建建設（株）

（鉄道車両製造事業）　◎（株）総合車両製作所

（鉄道車両メンテナンス事業）　◎JR東日本テクノロジー（株）

(2)　流通・サービス事業

小売・飲食業，卸売業，貨物自動車運送事業および広告代理業等の生活サービス事業を展開しております。

主な関係会社：当社（駅スペースの創出等）

（小売・飲食業）　◎（株）JR東日本クロスステーション，
◎JR東日本東北総合サービス（株）

（卸売業）　◎（株）JR東日本商事

（貨物自動車運送事業）　◎（株）ジェイアール東日本物流

（広告代理業）　◎（株）ジェイアール東日本企画

(3)　不動産・ホテル事業

ショッピングセンターの運営事業，オフィスビル等の貸付業，ホテル業およびこれらを展開する不動産の開発・販売事業等の生活サービス事業を展開しております。

主な関係会社：当社（ショッピングセンター・オフィスビル等の開発，ホテル

---

point　コンビニ事業の現状は薄利多売

東日本リテールネットで，コンビニエンスストア「NEWDAYS」を展開している。NEWDAYSは駅なかの立地ゆえ，単価の高い商品が売れにくい一方，客数の多さが強み。客単価はセブン-イレブンの半分程度。今後は店舗数拡大とともに，NEWDAYSならではの商品展開にも注力していく意向。

業，不動産販売事業）

（ショッピングセンター運営事業）◎（株）ルミネ，
◎（株）アトレ，
◎（株）ジェイアール東日本都市開発

（オフィスビル等貸付業）◎（株）JR東日本ビルディング

（ホテル業）◎日本ホテル（株），
◎仙台ターミナルビル（株）

(4) その他

クレジットカード事業等のIT・Suica事業および情報処理業等を展開しております。

主な関係会社：当社（IT・Suica事業，その他）

（IT・Suica事業）◎（株）ビューカード，
◎JR東日本メカトロニクス（株）

（情報処理業）◎（株）JR東日本情報システム

（その他）○UQコミュニケーションズ（株），
○セントラル警備保障（株）

（注）◎は連結子会社，○は持分法適用関連会社を示しております。なお，会社名は主たる事業において記載しております。

以上に述べた事項を事業系統図によって示すと次のとおりであります。

---

point 関係会社の状況

主に子会社のリストであり，事業内容や親会社との関係についての説明がされている。特に製造業の場合などは子会社の数が多く，すべてを把握することは難しいが，重要な役割を担っている子会社も多くある。有報の他の項目では一度も触れられていない場合が多いので，気になる会社については個別に調べておくことが望ましい。

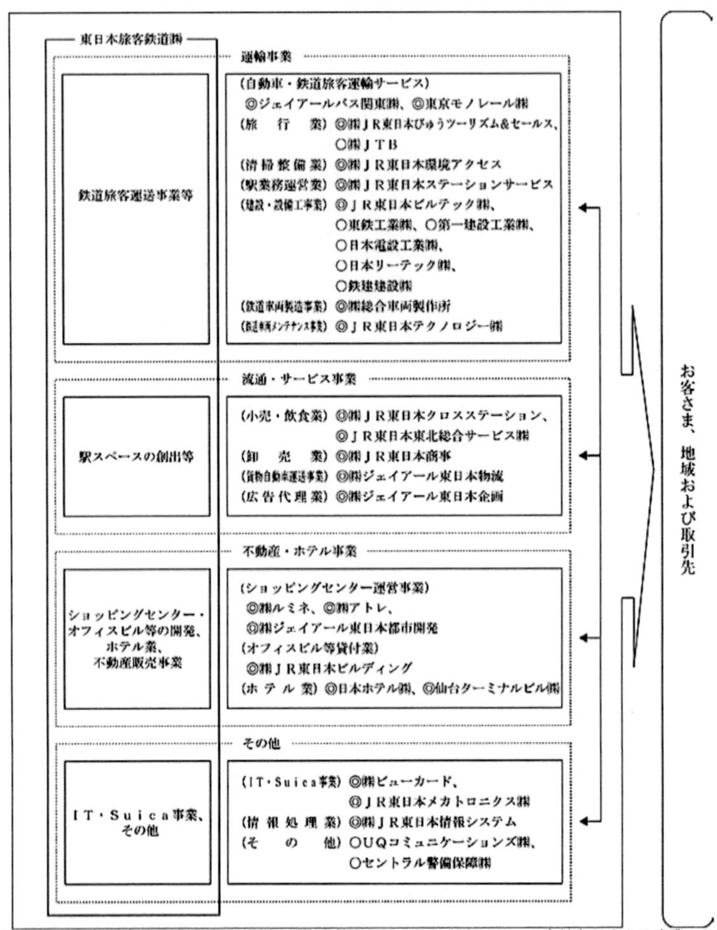

（注）1　◎は連結子会社，○は持分法適用関連会社を示しております。なお，会社名は主たる事業において記載しております。

2　矢印は主な取引・サービスの提供を示しております。

路線図

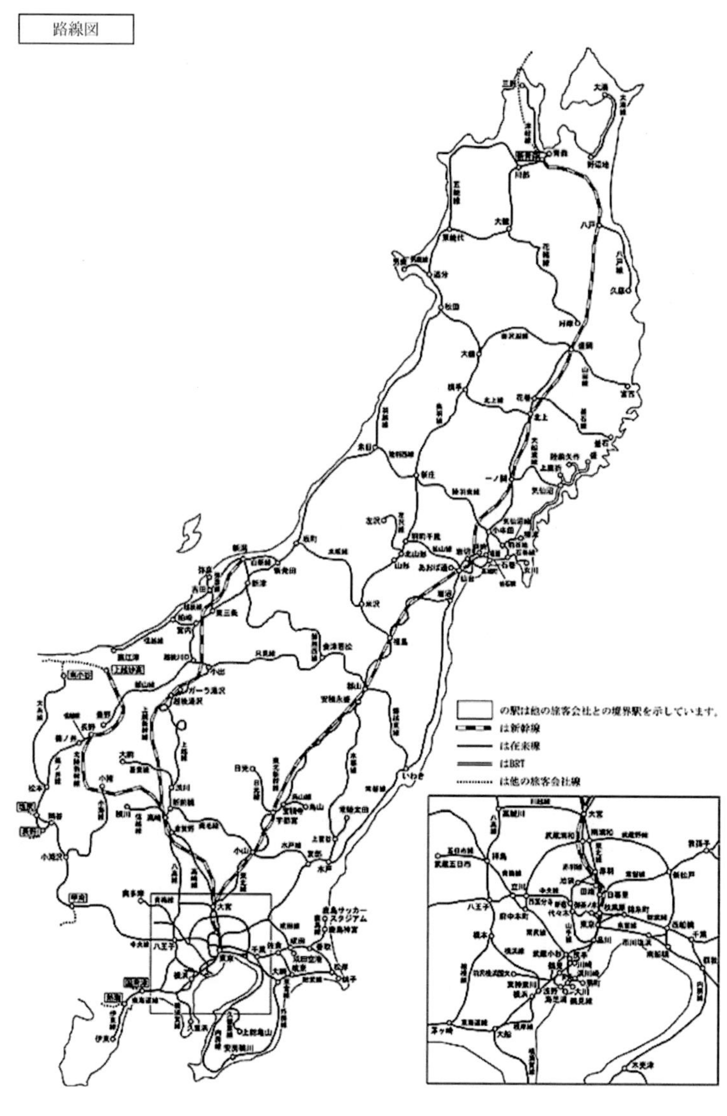

の駅は他の旅客会社との境界駅を示しています。
は新幹線
は在来線
はBRT
は他の旅客会社線
青森
八戸
盛岡
北上
一ノ関
仙台
福島
郡山
いわき
新潟
長岡
大宮
八王子
東京
千葉
水戸

4　関係会社の状況

連結子会社

名称	住所	資本金 (百万円)	主要な事業内容	議決権の 所有又は 被所有 割合(%)	関係内容
㈱ビューカード	東京都品川区	5,000	クレジットカード事業	100.0	同社は当社と加盟店契約等を結んでおります。 役員の兼任等　有
㈱ＪＲ東日本クロスステーション	東京都渋谷区	4,101	小売業、飲食業、ショッピングセンター運営事業	100.0	同社は当社から駅構内における営業承認を得ております。 役員の兼任等　有
ジェイアールバス関東㈱	東京都江東区	4,000	旅客自動車運送事業	100.0	同社は当社に乗車券類の販売を委託しております。 役員の兼任等　有
㈱総合車両製作所	神奈川県横浜市金沢区	3,100	鉄道車両製造事業	100.0	同社は当社の車両の製造等を行っております。 役員の兼任等　有
東京モノレール㈱ ※1	東京都港区	3,000	モノレール鉄道業	79.0	同社は当社と連絡運輸契約等を結んでおります。 役員の兼任等　有
台灣捷爾東事業開發股份有限公司	台湾台北市	714,000 千台湾ドル	海外生活サービス事業	100.0	同社は当社から事業開発に係る調査を受託しております。 役員の兼任等　有
㈱ルミネ	東京都渋谷区	2,375	ショッピングセンター運営事業	95.1	同社は当社の土地等を賃借しております。 役員の兼任等　有
ジェイアールバス東北㈱	宮城県仙台市青葉区	2,350	旅客自動車運送事業	100.0	同社は当社に乗車券類の販売を委託しております。 役員の兼任等　有
捷福旅館管理顧問股份有限公司	台湾台北市	500,000 千台湾ドル	ホテル業	95.0 (95.0)	役員の兼任等　有
仙台ターミナルビル㈱	宮城県仙台市青葉区	1,800	ホテル業、ショッピングセンター運営事業	99.5 (2.9)	同社は当社の土地等を賃借しております。 役員の兼任等　有
㈱アトレ	東京都渋谷区	1,630	ショッピングセンター運営事業	92.1 (0.6)	同社は当社の建物等を賃借しております。 役員の兼任等　有
㈱ジェイアール東日本企画	東京都渋谷区	1,550	広告代理業	100.0	同社は当社の広告宣伝業務、各種イベント等の受託および当社施設内の広告媒体の管理を行っております。 役員の兼任等　有
㈱ジェイアール東日本都市開発	東京都渋谷区	1,450	ショッピングセンター運営事業、小売業	100.0	同社は当社の土地等を賃借しております。 役員の兼任等　有
㈱ＪＲ中央線コミュニティデザイン	東京都小金井市	1,230	ショッピングセンター運営事業	95.2 (10.7)	同社は当社の建物等を賃借しております。 役員の兼任等　有
ジェイアール東日本商業開発㈱	東京都立川市	1,140	ショッピングセンター運営事業	84.6 (5.1)	同社は当社の建物等を賃借しております。 役員の兼任等　有
JR East Business Development SEA Pte. Ltd.	シンガポール	12,304 千シンガポールドル	海外生活サービス事業	100.0	役員の兼任等　有
盛岡ターミナルビル㈱	岩手県盛岡市	900	ホテル業、ショッピングセンター運営事業	100.0 (3.7)	同社は当社の土地等を賃借しております。 役員の兼任等　有
新宿南エネルギーサービス㈱	東京都渋谷区	750	地域冷暖房業	57.6	同社は当社の建物へ熱エネルギーの供給を行っております。 役員の兼任等　有
㈱ＪＲ東日本商事	東京都渋谷区	560	卸売業	100.0	同社は当社から鉄道資材等調達業務を受託しております。 役員の兼任等　有
㈱オレンジページ	東京都港区	500	出版業	100.0	役員の兼任等　有
㈱ＪＲ東日本情報システム	東京都新宿区	500	情報処理業	100.0	同社は当社の情報処理およびシステム開発、運営を受託しております。 役員の兼任等　有
日本ホテル㈱	東京都豊島区	500	ホテル業	100.0	同社は当社の土地等を賃借しております。 役員の兼任等　有

名称	住所	資本金 (百万円)	主要な事業内容	議決権の 所有又は 被所有 割合(%)	関係内容
㈱えきまちエナジークリエイト	東京都港区	495	地域熱供給業	85.0 (15.0)	同社は当社の建物等を賃借しております。 役員の兼任等　有
ＪＲ東日本東北総合サービス㈱	宮城県仙台市青葉区	490	小売業、 駅業務運営業	100.0	同社は当社から駅構内における営業承認を得ております。 役員の兼任等　有
㈱ＪＲ東日本ビルディング	東京都渋谷区	480	オフィスビル等貸付業	100.0	同社は当社の建物等を賃借しております。 役員の兼任等　有
㈱ＪＲ東日本ネットステーション	東京都渋谷区	460	情報処理業	100.0 (34.8)	同社は当社からＩＴを活用した事業を受託しております。 役員の兼任等　有
秋田ステーションビル㈱	秋田県秋田市	450	ホテル業、 ショッピングセンター運営事業	98.2 (0.7)	同社は当社の土地等を賃借しております。 役員の兼任等　有
㈱ステーションビルＭＩＤＯＲＩ	長野県長野市	450	ショッピングセンター運営事業	100.0	同社は当社の土地等を賃借しております。 役員の兼任等　有
ＪＲ東日本スポーツ㈱	東京都豊島区	400	スポーツ・レジャー業	100.0	同社は当社の建物等を賃借し、スポーツクラブの運営等を行っております。 役員の兼任等　有
ＪＲ東日本新潟シティクリエイト㈱	新潟県新潟市中央区	400	小売業、ホテル業、ショッピングセンター運営事業	100.0	同社は当社の土地等を賃借しております。 役員の兼任等　有
㈱ガーラ湯沢	新潟県南魚沼郡湯沢町	300	スポーツ・レジャー業	92.7	同社は当社の建物等を賃借し、スキー場を運営しております。 役員の兼任等　有
ＪＲ東日本不動産投資顧問㈱	東京都千代田区	300	不動産管理・不動産アセットマネジメント事業	90.2 (40.0)	役員の兼任等　有
㈱ＪＲ東日本青森商業開発	青森県青森市	280	ショッピングセンター運営事業	100.0 (2.9)	同社は当社の建物等を賃借しております。 役員の兼任等　有
ＪＲ東日本テクノロジー㈱	東京都新宿区	200	鉄道車両メンテナンス事業	100.0	同社は当社の工場・駅区所等の機械・機器工事および車両の修繕、改造工事等を行っております。 役員の兼任等　有
湘南ステーションビル㈱	神奈川県平塚市	200	ショッピングセンター運営事業	90.7 (1.2)	同社は当社の土地等を賃借しております。 役員の兼任等　有
㈱千葉ステーションビル	千葉県千葉市中央区	200	ショッピングセンター運営事業	100.0 (3.4)	同社は当社の土地等を賃借しております。 役員の兼任等　有
㈱横浜ステーションビル	神奈川県横浜市中区	200	ショッピングセンター運営事業	90.3 (5.0)	同社は当社の土地等を賃借しております。 役員の兼任等　有
ＪＲ東日本レンタリース㈱	東京都千代田区	165	レンタカー業	89.4 (3.6)	同社は当社と車両運搬具のリース契約を締結しているほか、当社の土地等を賃借しております。 役員の兼任等　有
㈱錦糸町ステーションビル	東京都墨田区	160	ショッピングセンター運営事業	71.3 (1.5)	同社は当社の土地等を賃借しております。 役員の兼任等　有
㈱ＪＲ東日本環境アクセス	東京都台東区	120	清掃整備業	100.0	同社は当社の駅舎、車両およびビル等の清掃等を受託しております。 役員の兼任等　有
ユニオン建設㈱	東京都目黒区	120	建設業	90.0	同社は当社事業に関する土木および軌道外注工事等を行っております。 役員の兼任等　有
ＪＲ東日本メディア㈱	東京都豊島区	104	広告代理業	100.0 (100.0)	同社は当社の駅、車内等における広告掲出設備の製作、保守管理等を行っております。 役員の兼任等　有
㈱ＪＲ東日本グリーンパートナーズ	埼玉県戸田市	100	人材サービス業	100.0 (19.3)	同社は当社の制服の在庫管理等の業務を受託しております。 役員の兼任等　有
ＪＲ東日本スタートアップ㈱	東京都港区	100	投資関連業	100.0	同社は当社からベンチャー企業との協業推進に関する業務等を受託しております。 役員の兼任等　有

point 従業員の状況

主力セグメントや，これまで会社を支えてきたセグメントの人数が多い傾向があるのは当然のことだろう。上場している大企業であれば平均年齢は40歳前後だ。また労働組合の状況にページが割かれている場合がある。その情報を載せている背景として，労働組合の力が強く，人数を削減しにくい企業体質だということを意味している。

名称	住所	資本金 (百万円)	主要な事業内容	議決権の所有又は被所有割合(%)	関係内容
㈱ＪＲ東日本パーソネルサービス	東京都新宿区	100	人材サービス業	100.0	同社は当社の人事・研修・厚生部門等の業務を受託しております。また、同社は当社に対して労働者派遣を行っております。 役員の兼任等　有
㈱ＪＲ東日本びゅうツーリズム&セールス	東京都墨田区	100	旅行業	100.0	同社は当社から旅行関連業務を受託しております。 役員の兼任等　有
㈱ジェイアール東日本物流	東京都墨田区	100	貨物自動車運送事業	100.0 (10.6)	同社は当社事業に関する貨物自動車運送および当社の土地等を賃借して倉庫業等を行っております。 役員の兼任等　有
ＪＲ東日本メカトロニクス㈱	東京都渋谷区	100	設備保守業、ＩＣカード事業	100.0	同社は当社の出改札設備の維持管理、開発等を行っております。 役員の兼任等　有
ＪＲ東日本リネン㈱	東京都豊島区	100	リネンサプライ業	100.0	同社は当社の旅客車用品等のリネンサプライ業務を受託しております。 役員の兼任等　有
日本コンサルタンツ㈱	東京都千代田区	100	海外鉄道コンサルタント業	63.8	同社は当社事業に関する調査、計画等を行っております。 役員の兼任等　有
㈱ＪＲ東日本マネジメントサービス	東京都渋谷区	80	財務サービス業	100.0	同社は当社の会計部門の業務を受託しております。また、同社はキャッシュマネジメントシステムを運営しており、当社との間で資金の貸付けおよび借入れを行っております。 役員の兼任等　有
㈱紀ノ國屋	東京都新宿区	50	小売業	100.0	同社は当社の建物等を賃借しております。 役員の兼任等　有
ＪＲ東日本エネルギー開発㈱	東京都千代田区	50	発電事業	96.5	役員の兼任等　有
㈱ＪＲ東日本建築設計	東京都渋谷区	50	建築設計業	100.0	同社は当社の建築物の調査、企画に関する業務の提供および設計・監理に関する技術業務の提供を行っております。 役員の兼任等　有
ＪＲ東日本コンサルタンツ㈱	東京都品川区	50	建設コンサルタント業	100.0	同社は当社事業に関する調査、計画、設計、測量、開発調査および施工監理等を行っております。 役員の兼任等　有
㈱ＪＲ東日本サービスクリエーション	東京都千代田区	50	車内サービス事業	100.0	同社は当社の車内サービス業務を受託しております。 役員の兼任等　有
㈱ＪＲ東日本ステーションサービス	東京都渋谷区	50	駅業務運営業	100.0	同社は当社の駅業務を受託しております。 役員の兼任等　有
ＪＲ東日本ビルテック㈱	東京都渋谷区	50	ビル管理業	100.0	同社は当社の社宅等の維持管理および改修工事の設計・施工を受託しております。 役員の兼任等　有
㈱ＪＲ東日本運輸サービス	東京都中央区	38	清掃整備業	100.0	同社は当社の車両等の清掃整備および検査工事等を受託しております。 役員の兼任等　有
㈱ＪＲ東日本テクノハートＴＥＳＳＥＩ	東京都中央区	38	清掃整備業	100.0	同社は当社の車両および駅舎等の清掃整備を受託しております。 役員の兼任等　有
㈱ＪＲ東日本テクノサービス	宮城県仙台市青葉区	25	清掃整備業	100.0	同社は当社の車両等の清掃整備および検査工事等を受託しております。 役員の兼任等　有
㈱日本線路技術	東京都足立区	20	調査・計測業	57.5 (10.0)	同社は当社の鉄道線路の調査・計測業等を受託しております。 役員の兼任等　有
ＪＲ新潟鉄道サービス㈱	新潟県新潟市中央区	17	清掃整備業	100.0	同社は当社の車両等の清掃整備および検査工事等を受託しております。 役員の兼任等　有
ＪＲ盛岡鉄道サービス㈱	岩手県盛岡市	13	清掃整備業	100.0	同社は当社の車両等の清掃整備および検査工事等を受託しております。 役員の兼任等　有
ＪＲ千葉鉄道サービス㈱	千葉県千葉市中央区	12	清掃整備業	100.0	同社は当社の車両等の清掃整備および検査工事等を受託しております。 役員の兼任等　有

point 今後10年で社員年齢構成が激変

JR東日本グループ全体では約7万人の従業員が働いているが，今後ある程度の退職人員数が続くと見込まれており，もうすぐ社員構成比の高い 50～ 54 歳の退職が始まる頃にさしかかっている。これによって人件費の減少が加速すると予想される。

名称	住所	資本金(百万円)	主要な事業内容	議決権の所有又は被所有割合(%)	関係内容
ＪＲ秋田鉄道サービス㈱	秋田県秋田市	10	清掃整備業	100.0	同社は当社の車両等の清掃整備および検査工事等を受託しております。 役員の兼任等　有
ＪＲ高崎鉄道サービス㈱	群馬県高崎市	10	清掃整備業	100.0	同社は当社の車両等の清掃整備および検査工事等を受託しております。 役員の兼任等　有
ＪＲ長野鉄道サービス㈱	長野県長野市	10	清掃整備業	100.0	同社は当社の車両等の清掃整備および検査工事等を受託しております。 役員の兼任等　有
ＪＲ水戸鉄道サービス㈱	茨城県水戸市	10	清掃整備業	100.0	同社は当社の車両等の清掃整備および検査工事等を受託しております。 役員の兼任等　有

持分法適用関連会社

名称	住所	資本金(百万円)	主要な事業内容	議決権の所有又は被所有割合(%)	関係内容
ＵＱコミュニケーションズ㈱ ※２	東京都千代田区	71,425	電気通信事業	17.6	同社は当社の通信設備等を賃借しております。 役員の兼任等　有
鉄建建設㈱ ※２　※３　※４	東京都千代田区	18,293	建設業	17.9	同社は当社事業に関する土木および建築工事等を行っております。 役員の兼任等　有
日本電設工業㈱ ※２　※４	東京都台東区	8,494	設備工事業	19.1 (0.1)	同社は当社事業に関する電気および通信工事等を行っております。 役員の兼任等　有
第一建設工業㈱ ※２　※３　※４	新潟県新潟市中央区	3,302	建設業	18.9 (0.3)	同社は当社事業に関する土木、建築および軌道工事等を行っております。 役員の兼任等　有
セントラル警備保障㈱ ※４	東京都新宿区	2,924	警備業	25.4	同社は当社から駅構内における警備等を受託しております。 役員の兼任等　有
東鉄工業㈱ ※２　※３　※４	東京都新宿区	2,810	建設業	20.0 (0.4)	同社は当社事業に関する土木、建築および軌道工事等を行っております。 役員の兼任等　有
日本リーテック㈱ ※２　※４	東京都千代田区	1,430	設備工事業	17.5 (0.1)	同社は当社事業に関する電気および通信工事等を行っております。 役員の兼任等　有
仙建工業㈱ ※２　※３	宮城県仙台市青葉区	250	建設業	17.6	同社は当社事業に関する土木、建築および軌道工事等を行っております。 役員の兼任等　有
㈱交通建設 ※２　※３	東京都新宿区	114	建設業	18.3	同社は当社事業に関する土木および軌道工事等を行っております。 役員の兼任等　有
㈱ＪＴＢ	東京都品川区	100	旅行業	21.9	同社は当社と、当社の乗車券類の受託販売契約や同社の主催旅行商品の委託販売契約等を結んでおります。 役員の兼任等　有
東日本電気エンジニアリング㈱ ※２	東京都中央区	97	設備工事業	11.3	同社は当社事業に関する電気および通信工事等を行っております。 役員の兼任等　有

(注) 1　議決権の所有または被所有割合欄の（　）は内数で間接所有割合を示しております。

2　※1の東京モノレール（株）は，債務超過会社であり，債務超過の金額は，2023年3月末時点で42,042百万円であります。

3　※2の議決権の所有割合は100分の20未満でありますが，実質的な影響力を持っているため関連会社としたものであります。なお東鉄工業（株）の議決権の所有割合は四捨五入の結果「20.0%」と記載していますが，実際の議決権の所有割合は100分の20未満であります。

4　※3の会社は，当連結会計年度より新たに持分法を適用した会社であります。

5　※4の会社は，有価証券報告書を提出している会社であります。

6　上記会社のうち，特定子会社に該当するものはありません。

5　従業員の状況

(1)　連結会社の状況

(2023年3月31日現在)

セグメントの名称	従業員数(人)
運輸事業	53,808〔13,064〕
流通・サービス事業	5,895〔8,366〕
不動産・ホテル事業	4,934〔1,865〕
その他	4,598〔895〕
合計	69,235〔24,190〕

(注) 1　従業員数は就業人員数（当社グループ各社において他社への出向者等を除き，他社からの出向者を含む）であり，臨時従業員数は〔〕内に外数で記載しております。

2　臨時従業員には，当社における「エルダー社員」等の定年退職後の再雇用社員を含み，派遣社員および短時間労働のパート・アルバイトは含めておりません。

3　従業員は，前連結会計年度末に比べ，2,005名減少（臨時従業員は886名減少）しております。

(2) 提出会社の状況

(2023年3月31日現在)

従業員数(人)	平均年齢(歳)	平均勤続年数(年)	平均年間給与(円)
41,147	38.3	15.7	6,765,485

(2023年3月31日現在)

セグメントの名称	従業員数(人)
運輸事業	40,580
流通・サービス事業	230
不動産・ホテル事業	226
その他	111
合計	41,147

(注) 1　従業員数は就業人員数（他社への出向者等を除き，他社からの出向者を含む）であります。また，臨時従業員数については，従業員数の100分の10未満であるため記載を省略しております。

2　平均年齢，平均勤続年数，平均年間給与は，従業員数から，他社からの出向者数を除いたものに

---

point　業績等の概要

この項目では今期の売上や営業利益などの業績がどうだったのか，収益が伸びたあるいは減少した理由は何か，そして伸ばすためにどんなことを行ったかということがセグメントごとに分かる。現在，会社がどのようなビジネスを行っているのか最も分かりやすい箇所だと言える。

ついての数値であります。

3　従業員の定年は，満60歳に達する月の末日としております。

4　平均年間給与は，賞与および基準外賃金を含んでおります。

(3) 労働組合の状況

当社には現在複数の労働組合があり，その名称および組合員数は次のとおりであります。

(2023年4月1日現在)

名称	組合員数(人)	上部組織
東日本旅客鉄道労働組合(ＪＲ東労組)	3, 267	全日本鉄道労働組合総連合会(ＪＲ総連)
ＪＲ東日本輸送サービス労働組合(ＪＴＳＵ－Ｅ)	2, 169	日本輸送サービス労働組合連合会(ＪＴＳＵ)
ＪＲ東日本労働組合(東日本ユニオン)	412	－－－－－
国鉄労働組合東日本本部(国労東日本)	405	国鉄労働組合(国労)
ＪＲ東労働組合(ＪＲひがし労)	305	－－－－－
ＪＲ東日本新鉄道労働組合(新鉄労組)	66	－－－－－
ＪＲ東日本新潟労働組合(ＪＲ新潟労組)	35	－－－－－
ジェイアール・イーストユニオン(ＪＲＥユニオン)	19	日本鉄道労働組合連合会(ＪＲ連合)
国鉄動力車労働組合総連合(動労総連合)	16	－－－－－
全日本建設交運一般労働組合全国鉄道東日本本部(建交労鉄道東日本本部)	1	全日本建設交運一般労働組合(建交労)
国鉄水戸動力車労働組合(動労水戸)	※	－－－－－

(注) 1　(　) 内は略称であります。

2　組合員数には，当社における「エルダー社員」等の定年退職後の再雇用社員等を含めておりません。

3　鉄道産業労働組合の組合員は，2023年4月1日時点ではエルダー社員のみとなります。

4　※の国鉄水戸動力車労働組合の組合員数は，2023年4月1日時点では同労組との間で確認できていないため，記載しておりません。

各労働組合のうち，東日本旅客鉄道労働組合，JR東日本輸送サービス労働組合，JR東日本労働組合，国鉄労働組合東日本本部，JR東労働組合，JR東日本新鉄道労働組合，JR東日本新潟労働組合，ジェイアール・イーストユニオンおよび全日本建設交運一般労働組合全国鉄道東日本本部は，当社との間で労働協約を締結しております。当社は，それに基づいて中立保持義務を遵守しつつ，経営協議会，団体交渉を信義誠実の原則に従い行っております。

現在，一部の労働組合から，労働委員会に7件（JR東日本輸送サービス労働組合4件，国鉄動力車労働組合総連合3件）の不当労働行為事件を申し立てられております。また，労働委員会命令について，裁判所で係争中の事件は2件になります。

なお，当社の連結子会社の労働組合の状況については，特に記載する事項はありません。

【事業の状況】

1　経営方針，経営環境及び対処すべき課題等

当社グループの経営方針，経営環境及び対処すべき課題等は，次のとおりであります。

なお，文中の将来に関する事項は，当連結会計年度末現在において当社グループが判断したものであります。

(1)　経営の基本方針（グループ理念）

私たちは「究極の安全」を第一に行動し，グループ一体でお客さまの信頼に応えます。

技術と情報を中心にネットワークの力を高め，すべての人の心豊かな生活を実現します。

(2)　今後の経営環境の変化

新型コロナウイルス感染症には一定の収束が見られ，国内外の人々の動きは活発になり，今後，お客さまのご利用は着実に回復していくと想定しておりますが，ライフスタイルの変容により，その水準は感染症拡大以前には完全には戻らないと考えられます。また，物価や金利の上昇，供給面での制約，金融資本市場の変動等のリスクが懸念されます。

中長期的には，より一層の人口減少や高齢化の進展が見込まれるとともに，自動運転等の技術革新やグローバル化の変容など，経営環境が大きく変化していくことが想定されます。加えて，当社グループは，会社発足から36年が経過し，鉄道のシステムチェンジや社員の急速な世代交代など，様々な変革課題に直面しております。

(3)　中期的な会社の経営戦略

グループ経営ビジョン「変革2027」において，将来の環境変化を先取りした経営を進めてきましたが，今後もお客さまのご利用は以前の水準には戻らないとい

point　大震災の被害から迅速に復旧

東日本大震災とその余震により，東北新幹線では約1,750箇所，在来線では約5,250箇所，津波の被害を受けた7線区では約1,680箇所に，電化柱の折損，高架橋柱の損傷，線路流出，乗降場変状，といった被害を受けた。震災以降，早期の復旧の努力により，東北新幹線は4月に復旧した。

う考えのもと，2020年9月にポストコロナ社会に向けた対応方針である「変革のスピードアップ」を発表しました。今後，各種施策を着実に進めるとともに，特に2023年度は攻めの姿勢に大きくモードチェンジし，新しい価値創造に取り組むことで，「変革2027」の実現に向けた歩みを加速していきます。

私たちの強みであるリアルなネットワークとデジタルを掛け合わせ，「ヒト起点」の発想で鉄道を中心としたビジネスモデルを進化させ，構造改革を推進します。また，輸送サービス，生活サービス，IT・Suicaサービスの3事業を融合した価値創造に取り組むとともに，成長余力の大きい事業に経営資源を積極的に振り向けてビジネスポートフォリオを変革します。これにより，鉄道を中心とする「モビリティに関する事業」とお客さまの「生活ソリューションにつながる事業」の比率を，できるだけ早期に「5：5」にすることをめざします。

(4) 目標とする経営数値

グループ経営ビジョン「変革2027」において，第39期（2025年度）をターゲットとした数値目標を設定しておりましたが，コロナ禍で急激に変化した経営環境のその後の推移等を踏まえ，2023年4月に第41期（2027年度）を新たなターゲットとした数値目標を以下のとおり設定しました。今後も目標達成に向けてグループ一体となって取り組んでまいります。

---

point 定期輸送量は着実に増加中

JR東日本は，2000年代半ばからの定期輸送量が伸びて続けている。これは輸送力の増強に努めたこと，湘南新宿ラインの増発や私鉄各社との相互直通運転を拡大していったことが要因として挙げられる。今後も東京圏を中心に輸送ネットワークの向上に努める意向。

		第41期(2027年度) 数値目標	第36期(2022年度) ４月計画	第36期(2022年度) 実績	第36期(2022年度) 計画対比
連結営業収益		３兆2,760億円	２兆4,530億円	２兆4,055億円	98.1%
モビリティ	運輸事業	２兆190億円	１兆6,750億円	１兆6,185億円	96.6%
生活 ソリューション	流通・ サービス事業	6,540億円	3,530億円	3,278億円	92.9%
	不動産・ ホテル事業	5,070億円	3,530億円	3,822億円	108.3%
	その他	960億円	720億円	769億円	106.8%
連結営業利益		4,100億円	1,530億円	1,406億円	91.9%
モビリティ	運輸事業	1,780億円	100億円	△240億円	−
生活 ソリューション	流通・ サービス事業	800億円	500億円	352億円	70.6%
	不動産・ ホテル事業	1,240億円	800億円	1,115億円	139.5%
	その他	300億円	150億円	172億円	114.8%
調整額		△20億円	△20億円	６億円	−
連結営業キャッシュ・フロー		（５年間の総額 ※１） ３兆8,000億円	−	5,817億円	−
連結ＲＯＡ		4.0%程度	−	1.5%	−
（※２） ネット有利子負債/ＥＢＩＴＤＡ		中期的に５倍程度 長期的に3.5倍程度	−	8.6倍	−

※１　第37期（2023年度）から第41期（2027年度）までの総額を記載

※２　ネット有利子負債＝連結有利子負債残高－連結現金及び現金同等物残高

　　　EBITDA＝連結営業利益＋連結減価償却費

（5）　対処すべき課題

グループ経営ビジョン「変革2027」の実現に向けて，「安全」を引き続き経営のトッププライオリティと位置づけ，「収益力向上（成長・イノベーション戦略の再構築）」，「経営体質の抜本的強化（構造改革）」，「成長の基盤となる戦略の推進」および「ESG経営の実践」に取り組んでまいります。

○　「安全」がトッププライオリティ

安全・安定輸送に磨きをかけ，当社グループのすべての基盤であるお客さまや地域の皆さまからの「信頼」を高めます。社員一人ひとりが仕事の本質を理解してリスクに対して主体的に対処するとともに，昨今の自然災害の激甚化も踏まえた災害リスクの減少に取り組みます。これにより，重大事故に至るリスクを極小化し，「お客さまの死傷事故ゼロ，社員の死亡事故ゼロ」の実現をめざします。また，異常時におけるお客さまへの影響拡大防止などサービス品質の改革に向けた取組みも推進していきます。

さらに，2023年３月に設定した鉄道駅バリアフリー料金制度を活用し，ホームドア等の整備を拡大・加速していきます。

○　収益力向上（成長・イノベーション戦略の再構築）

「ポストコロナ」と「インバウンド」をキーワードに，旅行気運・移動需要の回復を捉えて，ライフスタイルの変化に対応した新しい商品・サービスを展開し，当社グループの持つ強みを活かして積極的に新領域へ挑戦することで，新たな収益の柱を作ります。

中央快速線グリーン車の導入に向けた工事や車両の新造を進めるとともに，2031年度の開業をめざして，2023年度から羽田空港アクセス線（仮称）の本格的な工事に着手します。また，需要に応じたお客さまに対するきめ細かなサービスの提供，「はこビュン」の増売，海外プロモーションによるインバウンド誘客，様々なエリアでの「Tabi－CONNECT」を活用したMaaS展開，「JRE MALL」の品揃え強化，「STATION WORK」のさらなる拡大など，３事業を融合したサービスの創造に取り組みます。さらに，「TAKANAWA GATEWAY CITY」をはじめとした多様な魅力あるまちづくり，不動産事業における回転型ビジネスなど，攻めの戦略を加速していきます。

○　経営体質の抜本的強化（構造改革）

鉄道事業の将来にわたるサステナブルな運営のために，柔軟なコスト構造をめざします。そのために，自動運転・スマートメンテナンスなど新技術の活用，設備のスリム化，現場第一線社員のアイディアを生かした技術開発等による仕事の仕組みの見直しを含め，固定的なオペレーションコストの削減を推進しま

---

point　東北新幹線はドル箱路線

鉄道収入の内訳は，新幹線が約3割，関東圏の在来線が約6割。新幹線は，東北新幹線や長野（北陸）新幹線を運営しており，特に東北新幹線の収益比率が高い。東北新幹線は，2010年12月に八戸－新青森間が延伸され，東京－青森間の利便性が大きく改善された。

す。

2023年3月に導入した「オフピーク定期券」サービスのように，運賃制度や列車ダイヤといった事業運営の基本となる事項について，ご利用状況等を踏まえ，より柔軟な運用に向けて検討を行うとともに，地方ローカル線については，沿線自治体等と持続可能な交通体系の構築に向けた協議を進めます。

また，急速なスピードで変化する経営環境に柔軟に対応し，一人ひとりの社員の働きがいの向上と生産性向上による経営体質の強化を図るため，組織改正を進めております。権限移譲および系統間や現業機関と企画部門の融合を進め，お客さまに近い場所でスピーディーな価値創造・課題解決に取り組むとともに，社員の活躍のフィールドを拡大していきます。

○　成長の基盤となる戦略の推進

これらの実現に向け，その基盤となる人材，イノベーション・知的財産，財務・投資等の戦略を明確にし，グループ一体で取り組みます。人材戦略については，社員の果敢なチャレンジに応える仕組みを構築し，社員のウェルビーイングの向上を図るとともに，事業構造を抜本的に変革するため，重点・成長分野への社内人材の活用および外部人材の確保など経営戦略を加速する人的資本経営をめざします。また，イノベーション・知的財産戦略については，各事業において戦略的な知的財産の取得・活用等を進めるとともに，社内外の技術・知見等を活用した技術開発，デジタルを使った業務改善や価値創造などデジタルトランスフォーメーション（DX）の推進により，ビジネス創出や業務効率化を推進します。さらに，財務・投資戦略については，中長期視点に基づく連結キャッシュ・フロー経営を追求するとともに，現業機関社員の発意・創意工夫を自ら実現できる仕組みのさらなる浸透を図ります。

○　「ESG経営」の実践

環境，社会，企業統治の観点から「ESG経営」を実践し，事業を通じて社会的な課題を解決することで，地域社会の持続的な発展に貢献するとともに，持続可能な開発目標（SDGs）の達成に向けた取組みを推進します。

環境については，JR東日本グループ「ゼロカーボン・チャレンジ2050」に向けて，2030年度までに東北エリアにおけるCO_2排出量実質ゼロをめざします。また，地方創生については，新駅開業や地方中核駅を中心としたまちづくり，6次産業化による地域経済の活性化などに取り組みます。さらに，企業統治については，意思決定や業務執行のさらなる迅速化および取締役会の監督機能の強化等を目的に，第36回定時株主総会における承認を条件として監査等委員会設置会社へ移行しております。

これらの戦略を着実に推進することで経済価値を創造するとともに，事業を通じて社会的課題の解決に取り組み，地域社会の発展に貢献することにより，お客さまや地域の皆さまからの「信頼」を高め，世の中に価値を提供し続けるサステナブルなグループをめざします。

2 事業等のリスク

当社グループでは，各事業に共通・特有のリスクの回避・低減に取り組んでおります。具体的には，毎年事業全体のリスクを外部の知見や社内の意見等をもとに洗い出し，発生頻度および影響度を踏まえた分析・評価を行ったうえでその年度の重要リスクを定め，回避・低減策を検討・実施しております。このように，PDCAサイクルを回してリスクの見直し等を図り，取締役会でリスク回避・低減に向けた取組みの達成度・進捗をモニタリングするとともに今後の方針について検討を行い，リスクマネジメントの実効性を確保しております。

今後，グループが変革のスピードアップをめざして収益力の向上や経営体質の抜本的強化に取り組むためには，リスクを損失回避等のマイナス要素を減らす観点から捉えるだけでなく，リスクテイクも含め，グループの価値を積極的に向上させる観点を含めた「幅広いリスクマネジメント」が重要です。

これにより，安定的で適正な業務の運営の確保に加えて，グループ社員の成長に向けた果敢なチャレンジを支援・促進してまいります。

有価証券報告書に記載した事業の状況，経理の状況等に関する事項のうち，投資者の判断に重要な影響をおよぼす可能性のある事項には，以下のようなものがあります。

なお，文中における将来に関する事項は，当連結会計年度末現在において当社グループが判断したものであります。

---

point 生産及び販売の状況

生産高よりも販売高の金額の方が大きい場合は，作った分よりも売れていることを意味するので，景気が良い，あるいは会社のビジネスがうまくいっていると言えるケースが多い。逆に販売額の方が小さい場合は製品が売れなく，在庫が増えて景気が悪くなっていると言える場合がある。

(1) 鉄道事業における事故等の発生

鉄道事業において事故等が発生した場合，当社グループに対するお客さまの信頼や社会的評価が失墜するだけでなく，お客さまへの補償や事故等の影響による事業の中断等により経営に重大な影響を与える可能性があります。

当社グループは，安全を経営のトッププライオリティと位置づけ，ハード，ソフトの両面から安全性の高い鉄道システムづくりに取り組み，会社発足時から7回目となる安全5ヵ年計画「グループ安全計画2023」に基づき施策を着実に実施しました。

具体的には，当社グループに起因する鉄道運転事故を防止するため，自動列車停止装置（ATS－P）整備などの列車脱線事故等の対策や，駅や車両基地等の屋根の落下対策などの基幹設備の強靭化を進めました。 踏切事故対策については，踏切の整理統廃合を進めるとともに，踏切支障報知装置の増設や障害物検知装置の高機能化等を行いました。ホームドアについては，2022年度末までに線区単位の99駅197番線に整備が完了し，2023年度は線区単位の12駅24番線の整備を見込んでいます。また鉄道駅バリアフリー料金の活用等により，ホームドア整備の早期展開をめざします。

当社グループでは「グループ安全計画2023」に基づき，内外の環境の変化を踏まえ，変化に的確に対応するとともに，新たな技術を積極的に活用するなどの取組みにより，引き続き「究極の安全」をめざしてまいります。

(2) 気候変動および自然災害等

近年，集中豪雨や大型化した台風などの異常気象リスクが高まっております。これらの集中豪雨や台風だけでなく，大規模地震，洪水といった自然災害等によって，当社グループの鉄道および関連施設等が損壊し，大きな被害を受ける可能性があります。また，自然災害等に起因する大規模停電により，鉄道の運行を継続できない可能性があります。さらに，大規模災害時においてサプライヤーの被災や配送網の寸断により事業継続に必要な物品の安定的な供給を受けることができなくなることも考えられます。

当社グループは，「グループ安全計画2023」に基づき，自然災害に対するリス

---

point 対処すべき課題

有報のなかで最も重要であり注目すべき項目。今，事業のなかで何かしら問題があればそれに対してどんな対策があるのか，上手くいっている部分をどう伸ばしていくのかなどの重要なヒントを得ることができる。また今後の成長に向けた技術開発の方向性や，新規事業の戦略ついての理解を深めることができる。

クの着実な低減に努めております。具体的には，地震対策については，首都直下地震等を想定したさらなる耐震補強を進め，対象エリア・設備を拡げるなど，継続的なリスク低減に取り組んでおります。また，列車緊急停止対策や列車の線路からの逸脱防止対策も行っております。浸水対策については，「車両疎開判断支援システム」を浸水の可能性のある車両留置箇所全80箇所に導入し，車両避難の訓練を実施する等，リスク低減の取組みを推進しています。一方，自然災害等による大規模停電に備えて，主要なターミナル駅などにおける非常用発電機の運転時間の長時間化を進めております。さらに，安定した調達を継続するため，複数のサプライヤーから調達できるように取組みを進めております。

(3) 感染症の発生等

重大な感染症が国内外において流行した場合，経済活動の制限やお客さまの外出自粛，社員の罹患等により，当社グループの事業が継続できなくなるおそれがあり，当社グループの財政状態および経営成績に多大な影響を与える可能性があります。

新型コロナウイルス感染症が国内外で拡大した際には，政府から緊急事態宣言が発令され，経済活動の制限や外出の自粛等が要請されました。これに伴い，鉄道の輸送量の大幅な減少，当社グループの商業施設の休業や利用者の減少等が発生したほか，海外からの入国制限等によりインバウンド需要が減少し，当社グループの業績は大きな影響を受けました。当社グループでは，政府のガイドラインに基づき，駅への消毒液の設置や機器設備の消毒・清掃，列車内の換気，駅や列車内における混雑情報の提供を行うとともに，社員等のマスク着用等による感染拡大防止を再徹底してきました。今後も社会に影響を与えるような感染症の発生・拡大に際しては，政府・自治体等と連携しながら，お客さまの安全・安心の確保を最優先に，適切な輸送を確保するため必要な措置を講じてまいります。

(4) 他事業者等との競合および外部環境の変化

当社グループは，鉄道事業において他の鉄道および航空機，自動車，バス等の対抗輸送機関と競合関係にあるほか，生活サービス事業においても，既存および

---

point 実力・能力主義をさらに徹底

新人事制度では，人材育成・技術継承を推進する仕組みの構築，実力主義・能力主義をさらに徹底し，意欲と能力のある社員の登用をバックアップする仕組みを図る。技術専任職など新たな職位を新設するほか，技術・技能を有するベテラン層のモチベーション向上につながる給与体系にするようだ。

新規の事業者と競合しております。これらに加え，外部環境の変化が加速することで，当社グループの財政状態および経営成績に影響を与える可能性があります。

鉄道事業においては，格安航空会社（LCC）の路線拡大，高速道路の拡充，自動運転技術の実用化などによる交通市場の競争激化や人口減少，少子高齢化の進行，在宅勤務などの働き方改革の浸透等により，輸送量が減少し，同事業の収益等に影響を与える可能性があります。また，採用難による人材不足や資材の供給不安などにより，事業の正常な運営に影響を与える可能性があります。

このような中，当社グループは，グループ経営ビジョン「変革2027」および2020年9月に発表した「変革のスピードアップ」において，MaaSや「えきねっと」をはじめ，移動のシームレス化と多様なサービスのワンストップ化を推進し，お客さまのあらゆる生活シーンで最適な手段を組み合わせて移動・購入・決済等のサービスを提供するほか，テレワークやワーケーションに適した施設や商品の拡充，オフピークポイント・リピートポイントサービス等で多様化する生活スタイルへの対応を加速させていくなど，経営環境の変化を先取りした新たな価値を社会に提供していくことをめざし取り組んでおります。また，ワンマン運転の拡大，将来の自動運転やドライバレス運転の実現，設備のスリム化の推進，メンテナンス業務の仕組みの見直しといった，技術革新・生産性向上に取り組むことにより，鉄道事業を質的に変革してまいります。そのほか，安定した人材確保に向けたグループ全体での採用活動や，安定調達を継続するための新たなサプライヤーの開拓などにも取り組んでおります。

(5) 犯罪・テロ行為および情報システム障害等の発生

犯罪・テロ行為の発生により，当社の鉄道事業等における安全性が脅かされる可能性があります。当社グループでは，鉄道のセキュリティ強化に向け，車両の防犯カメラの増設や，鉄道施設におけるカメラの増設・ネットワーク化による集中監視を実施しているほか，新幹線車両や主要駅等に防犯・護身用具を配備する等の対策を実施しております。

また，当社グループは，鉄道事業，生活サービス事業およびIT・Suica事業などの様々な業務分野で，多くの情報システムを用いております。当社グループと

---

point 海外事業も積極的に展開

JR 東日本は海外展開にも積極的だ。2013 年 11 月にタイの鉄道を受注し，車両に加え，メンテナンスの年契約も獲得。受注総額は数十億億円に上るとも言われている。今後も東南アジアの都市型鉄道を重点に車両からメンテナンスまでの「パッケージ型輸出」を進める方針。将来的には鉄道運行の請負まで手がけたい考えだ。

密接な取引関係にある他の会社や鉄道情報システム株式会社等においても，情報システムが重要な役割を果たしております。サイバー攻撃や人為的ミス等によってこれらの情報システムの機能に重大な障害が発生した場合，当社グループの業務運営に影響を与える可能性があります。さらに，コンピュータウイルスの感染や人為的不正操作等により情報システム上の個人情報等が外部に流出した場合やデータが改ざんされた場合，社会的信用の失墜等により，当社グループの財政状態および経営成績に影響を与える可能性があります。

当社グループでは，日常より情報システムの機能向上やセキュリティの常時監視，関係する社員の教育など，障害対策およびセキュリティ対策を講じるとともに，万一問題が発生した場合においても速やかに初動体制を構築し，各部署が連携して対策をとることで，影響を最小限のものとするよう努めております。また，社内規程を整備し，個人情報の厳正な取扱いについて定め，個人情報を取り扱う者の限定，アクセス権限の管理を行うほか，社内のチェック体制を構築するなど，個人情報の厳正な管理・保護に努めております。

(6)　企業不祥事

当社グループは，鉄道事業，生活サービス事業およびIT・Suica事業などの様々な業務分野において，鉄道事業法をはじめとする関係法令を遵守し，企業倫理に従って事業を行っておりますが，これらに反する行為が発生した場合，行政処分や社会的信用の失墜などにより，当社グループの財政状態および経営成績に影響を与える可能性があります。

当社グループでは，「法令遵守及び企業倫理に関する指針」を策定しているほか，法令遵守に関する社員教育の強化，業務全般に関わる法令の遵守状況の点検を進めております。さらに，全社員に対して内部通報窓口の周知等を行うなど，コンプライアンスの確保に努めるとともに，他企業で発生した事象に類似する不祥事の防止に取り組んでおります。

(7)　国内外の経済情勢等の変化

国内外の経済情勢の変化や，金利・為替・物価等の動向などにより，当社グルー

---

point　事業等のリスク

「対処すべき課題」の次に重要な項目。新規参入により長期的に価格競争が激しくなり企業の体力が奪われるようなことがあるため，その事業がどの程度参入障壁が高く安定したビジネスなのかなど考えるきっかけになる。また，規制や法律，訴訟なども企業によっては大きな問題になる可能性があるため，注意深く読む必要がある。

プの財政状態および経営成績が影響を受ける可能性がある他，サプライチェーン上の問題により社会的評価が失墜する可能性があります。

日本経済および世界経済の情勢は，経済的要因だけではなく，戦争やテロ行為等の地政学的リスク，世界的な感染症の流行および大規模な自然災害等により影響を受ける可能性があります。このような事象が発生した場合，経済の低迷が長期化し，当社グループの鉄道事業，生活サービス事業およびIT・Suica事業などの様々な業務分野において，需要が減少する可能性があります。また，国内外の経済情勢の変化や金利・為替・物価等の動向などにより，物品調達コストや資金調達コストが上昇し，当社グループの収益に影響を与える可能性があります。さらに，グローバル化したサプライチェーンは様々な要因により寸断される可能性がある他，人権課題の多様化・複雑化により調達活動に影響が生じる可能性があります。

当社グループは，経費全般にわたるコストダウンに努めていくとともに，生活サービス事業およびIT・Suica事業に経営資源を重点的に振り向け，新たな「成長エンジン」にしていくなど，経営体質を抜本的に強化してまいります。また，物品調達コストの上昇については，国内外を問わない幅広い調達やスケールメリットを活用した価格交渉等を通じて，調達コスト上昇を抑制しております。資金調達コストの上昇については，債務償還額の平準化および債務の長期化，債務の円建払いや支払金利の長期固定化を行うことにより，将来の金利変動リスク・為替変動リスクを抑制しております。サプライチェーンを維持し，寸断を回避するため取引先とのコミュニケーションを強化するとともに，複数のサプライヤーから調達ができるように取組みを進めています。人権問題等については，当社グループ調達方針を定め浸透を図る取組みに努めてまいります。

(8) 国際事業

当社グループは，社員が活躍・成長する場を海外においても提供しており，国際事業に従事することを通じてグローバル人材の育成に努めています。当社グループがこれまで培ってきた技術・ノウハウ等を生かした製品・サービス等を海外で展開して，新たな事業の柱を確立することを目指しています。

国際事業においては，政治体制や社会的要因の変動，投資規制・税制や環境規制等に関する現地の法令変更，商慣習の相違，契約の履行やルールの遵守に関する意識の違いおよびそれらに起因する工期等の遅延，経済動向，為替レートの変動等様々なリスク要因があります。海外で政治リスクや遅延リスク等が顕在化すると債権回収に影響をおよぼすことがあるため，プロジェクトごとにきめ細やかな収支管理を行っています。現に，政変や紛争，資源エネルギー価格の高騰，世界的なインフレーション等によるリスクが顕在化していますが，予期せぬ情勢変化等が生じた場合に当社グループの財政状態および経営成績，またグループ社員の身の安全に影響を与えることのないよう，これら様々なリスクについて，弁護士やコンサルタント等，専門家の助言を踏まえたリスク分析を行ったうえで，場合によっては日本政府の協力を得ながら対応に努めております。

(9) 特有の法的規制

① 鉄道事業に対する法的規制

当社は，「鉄道事業法（昭和61年法律第92号）」の定めに基づき事業運営を行っており，鉄道事業者は営業する路線および鉄道事業の種別ごとに国土交通大臣の許可を受けなければならない（第3条）とされております。また，旅客の運賃および新幹線特急料金の上限について国土交通大臣の認可を受け，その範囲内での設定・変更を行う場合は，事前届出を行うこととされております（第16条）。さらに，鉄道事業の休廃止については，国土交通大臣に事前届出（廃止の場合は廃止日の1年前まで）を行うこととされております（第28条，第28条の2）。

これらの手続きが変更される場合，または何らかの理由により手続きに基づいた運賃・料金の変更を機動的に行えない場合には，当社の収益に影響を与える可能性があります。当社では，運賃値上げに依存しない強固な経営基盤を確立すべく，収入の確保と経費削減による効率的な事業運営に努めておりますが，経営環境の変化等により適正な利潤を確保できない場合は，運賃改定を適時実施する必要があると考えております。なお，当社は，「旅客鉄道株式会社及び日本貨物鉄道株式会社に関する法律（昭和61年法律第88号）」の平成13年改正により，同法の適用対象からは除外されているものの，同法の改正附則に基づき「当分の間配慮すべき事項に関する指針」等が定められております。指針に定められた事項は以下の３点です。

・会社間における旅客の運賃および料金の適切な設定，鉄道施設の円滑な使用その他の鉄道事業に関する会社間における連携および協力の確保に関する事項
・日本国有鉄道の改革の実施後の輸送需要の動向その他の新たな事情の変化を踏まえた現に営業している路線の適切な維持および駅その他の鉄道施設の整備に当たっての利用者の利便の確保に関する事項
・新会社がその事業を営む地域において当該事業と同種の事業を営む中小企業者の事業活動に対する不当な妨害またはその利益の不当な侵害を回避することによる中小企業者への配慮に関する事項

指針に定められているこれらの事項については，当社は，従来から十分留意した事業運営を行っており，今後も当然配慮していくこととなるため，経営に大きな影響をおよぼすものではありません。

②　整備新幹線

日本国有鉄道の分割民営化後，当社は，北陸新幹線（高崎市～上越市）および東北新幹線（盛岡市～青森市）の２路線の整備新幹線の営業主体とされ，1997年10月１日に北陸新幹線高崎～長野間が，2002年12月１日に東北新幹線盛岡～八戸間が，2010年12月４日に東北新幹線八戸～新青森間が，2015年３月14日に北陸新幹線長野～上越妙高間がそれぞれ開業しました。

「独立行政法人鉄道建設・運輸施設整備支援機構法施行令」第６条において，整備新幹線の貸付料の額は，当該新幹線開業後の営業主体の受益に基づいて算定された額に，貸付けを受けた鉄道施設に関して独立行政法人鉄道建設・運輸施設整備支援機構が支払う租税および同機構の管理費の合計額を加えた額を基準として，同機構において定めるものとされております。このうち受益については，開業後30年間の需要予測および収支予測に基づいて算定されることとなり，この受益に基づいて算定される額については，開

point 知られざる物価の優等生

運賃改定の可能性は，当面小さいと考えられる。少なくとも今後数年間はコストが大きく増加する可能性は低いため。また，一定期間で運賃を改定しなければならないという決まりはない。過去の運賃改定も消費税加算時のみ。事実上 JR 発足以来の 22年間でJR三社は実質的にほとんど運賃を変更していないと考えてよいだろう。

業後30年間は原則定額とされております。

貸付けから30年間経過後の取扱いについては，協議により新たに定めることになっており，現在の貸付料から変動する可能性があります。なお，貸付けを受けている整備新幹線区間と貸付終了年度は，次のとおりです。

a　北陸新幹線（高崎～長野間）　2027年度
b　北陸新幹線（長野～上越妙高間）　2044年度
c　東北新幹線（盛岡～八戸間）　2032年度
d　東北新幹線（八戸～新青森間）　2040年度

3　経営者による財政状態，経営成績及びキャッシュ・フローの状況の分析

(1)　経営成績等の状況の概要

当連結会計年度における当社グループ（当社，連結子会社および持分法適用関連会社）の財政状態，経営成績およびキャッシュ・フロー（以下「経営成績等」という）の状況の概要は次のとおりであります。

①　財政状態及び経営成績の状況

当連結会計年度におけるわが国経済は，緩やかに持ち直しの動きがみられたものの，新型コロナウイルス感染症，物価上昇，供給面での制約および金融資本市場の変動等の影響により厳しい状況が続きました。

このような状況の中，当社グループは，2020年9月に発表したポストコロナ社会に向けた対応方針である「変革のスピードアップ」のもと，「安全」を経営のトッププライオリティに位置づけ，「収益力向上」，「経営体質の抜本的強化」および「ESG経営の実践」に取り組み，グループ経営ビジョン「変革2027」の実現に向けた歩みを加速しました。

「究極の安全」を実現するため，「グループ安全計画2023」のもと，大規模災害等の新たなリスクを捉えたルール・しくみの変革や，「うまくいっていること」にも着目する取組みの推進といった，一人ひとりの「安全行動」および「安全マネジメント」の進化と変革に，グループ一体で取り組みました。また，2022年度より導入した電柱建替用車両による新幹線の電柱地震対策をはじめ，新たな技術を積極的に活用した安全設備の整備を推進しました。

「収益力向上（成長・イノベーション戦略の再構築）」では，鉄道事業を取り巻く環境が厳しさを増す中，旅行気運・移動需要を喚起するため，現業機関社員の発意も取り入れながら，「鉄道開業150年」や「新幹線YEAR2022」に関わる様々な施策を展開しました。さらに，ライフスタイルの多様化を大きなチャンスと捉え，成長・イノベーション戦略を再構築し，グループの強みであるリアルなネットワークとデジタルを掛け合わせ，デジタル化・チケットレス化やスタートアップ事業の推進等，新しい暮らしの提案や新領域への挑戦に取り組みました。

「経営体質の抜本的強化（構造改革）」では，ワンマン運転の拡大や自動運転技術の推進，スマートメンテナンスをはじめとしたDXのさらなる加速等，生産性向上に向けた取組みを実施しました。また，サステナブルなJR東日本グループを創るため，2022年6月以降，JR東日本の組織改正を進めるとともに，グループ全社員の働きがいの向上のため，業務改革，働き方改革，職場改革の3つの改革を進めました。2023年3月31日現在，計34箇所で「組織横断プロジェクト」が活動しており，部門や組織を越えてお客さまに近い場所で創意を発揮し，エリアや線区の課題解決に挑戦しております。

「ESG経営の実践」では，当社グループがめざすエネルギー戦略として，2022年7月に「エネルギービジョン2027～つなぐ～」を策定し，2050年度までに当社グループ全体のCO_2排出量実質ゼロに向けて，駅・車両への省エネ設備の導入や省エネ運転の推進，風力・太陽光といった再生可能エネルギー開発を推進しました。また，地域との共創を通じた地方創生の実現をめざし，いわきや青森，新潟における地方中核駅を中心としたまちづくり，山形や弘前における地域連携ICカードのエリア拡大，および京葉線と田沢湖線における新駅開業を実施しました。

今後も，グループ経営ビジョン「変革2027」の実現に向けてグループ一体で取り組んでまいります。

当連結会計年度の決算につきましては，新型コロナウイルス感染症の影響からの回復によりすべてのセグメントで増収となったことなどにより，営業収益は前期比21.6％増の2兆4,055億円となりました。また，これに伴って営業利益は1,406億円（前期は営業損失1,539億円），経常利益は1,109億円（前期は経常損失1,795億円），親会社株主に帰属する当期純利益は992億円（前期は親会社株主に帰属する当期純損失949億円）となりました。

セグメントの業績は次のとおりであります。

a　運輸事業

運輸事業では，新型コロナウイルスの感染防止対策の徹底と，安全・安定輸送およびサービス品質の確保にグループの総力を挙げて取り組みました。

この結果，新型コロナウイルス感染症の影響からの回復で鉄道運輸収入が増加したことに加え，Suicaに係る負債の収益計上時期を変更したことなどにより，売上高は前期比26.1％増の1兆6,803億円となり，営業損失は240億円（前期は営業損失2,853億円）となりました。

b　流通・サービス事業

流通・サービス事業では，駅を交通の拠点からヒト・モノ・コトがつながる暮らしのプラットフォームへと転換する「Beyond Stations構想」などを推進しました。この結果，新型コロナウイルス感染症の影響からの回復でエキナカ店舗の売上が増加したことなどにより，売上高は前期比16.4％増の3,635億円となり，営業利益は前期比149.9％増の352億円となりました。

c　不動産・ホテル事業

不動産・ホテル事業では，大規模ターミナル駅開発や沿線開発など「くらしづくり（まちづくり）」を推進し，地域とともに街の魅力を高めました。

この結果，新型コロナウイルス感染症の影響からの回復でホテルやショッピングセンターの売上が増加したことなどにより，売上高は前期比9.1％増の4,097億円となり，営業利益は前期比3.5％増の1,115億円となりました。

d　その他

その他の事業では，Suicaの利用シーンのさらなる拡大と，シームレスでストレスフリーな移動を実現する「MaaS プラットフォーム」の拡充などに取り組みました。この結果，クレジットカード事業の売上が増加したことなどにより，売上高は前期比7.0％増の2,231億円となり，営業利益は前期比47.9％増の172億円となりました。

（注） 当社は，「セグメント情報等の開示に関する会計基準」（企業会計基準第17号平成22年6月30日）および「セグメント情報等の開示に関する会計基準の適用指針」（企業会計基準適用指針第20号平成20年3月21日）におけるセグメント利益又は損失について，各セグメントの営業利益又は営業損失としております。

（参考）

当社の鉄道事業の営業実績

当社の鉄道事業の最近の営業実績は次のとおりであります。

輸送実績

区分				単位	第35期 （自　2021年４月１日 至　2022年３月31日）	第36期 （自　2022年４月１日 至　2023年３月31日）
営業日数				日	365	365
営業キロ			新幹線	キロ	1,194.2	1,194.2
			在来線	〃	6,108.5	6,108.0
			計	〃	7,302.7	7,302.2
客車走行キロ			新幹線	千キロ	506,386	493,528
			在来線	〃	1,743,028	1,717,560
			計	〃	2,249,414	2,211,088
輸送人員			定期	千人	3,044,111	3,184,088
			定期外	〃	1,749,643	2,139,530
			計	〃	4,793,755	5,323,619
輸送人キロ	新幹線		定期	千人キロ	1,473,564	1,563,002
			定期外	〃	8,910,940	14,931,346
			計	〃	10,384,504	16,494,348
	在来線	関東圏	定期	〃	52,049,846	54,766,761
			定期外	〃	24,733,231	31,590,035
			計	〃	76,783,077	86,356,796
		その他	定期	〃	2,655,981	2,697,719
			定期外	〃	1,427,040	1,929,024
			計	〃	4,083,022	4,626,743
		計	定期	〃	54,705,828	57,464,480
			定期外	〃	26,160,271	33,519,059
			計	〃	80,866,100	90,983,540
	合計		定期	〃	56,179,392	59,027,482
			定期外	〃	35,071,211	48,450,406
			計	〃	91,250,604	107,477,888
乗車効率			新幹線	%	29.5	48.1
			在来線	〃	33.2	37.8
			計	〃	32.8	39.1

（注）１　乗車効率は次の方法により算出しております。

$$乗車効率=\frac{輸送人キロ}{客車走行キロ\times客車平均定員}\times100$$

2 「関東圏」とは，当社首都圏本部，横浜支社，八王子支社，大宮支社，高崎支社，水戸支社および千葉支社管内の範囲であります。

収入実績

区分				単位	第35期（自 2021年4月1日 至 2022年3月31日）	第36期（自 2022年4月1日 至 2023年3月31日）
旅客運輸収入	新幹線		定期	百万円	20,283	21,207
			定期外	〃	237,805	400,721
			計	〃	258,088	421,929
	在来線	関東圏	定期	〃	341,719	354,175
			定期外	〃	470,373	602,127
			計	〃	812,093	956,302
		その他	定期	〃	16,009	16,141
			定期外	〃	27,031	37,389
			計	〃	43,040	53,530
		計	定期	〃	357,728	370,316
			定期外	〃	497,404	639,517
			計	〃	855,133	1,009,833
	合計		定期	〃	378,012	391,524
			定期外	〃	735,210	1,040,238
			計	〃	1,113,222	1,431,762
	荷物収入			〃	23	4
	合計			〃	1,113,245	1,431,767
鉄道線路使用料収入				〃	6,243	5,663
運輸雑収				〃	135,234	170,944
収入合計				〃	1,254,724	1,608,376

② キャッシュ・フローの状況

当連結会計年度の営業活動によるキャッシュ・フローについては，税金等調整前当期純利益の計上などにより，流入額は前連結会計年度に比べ3,912億円増の5,817億円となりました。

投資活動によるキャッシュ・フローについては，投資有価証券の取得による支出が増加したことなどにより，流出額は前連結会計年度に比べ391億円増の5,655億円となりました。

財務活動によるキャッシュ・フローについては，有利子負債の調達が減少したことなどにより，流入額は前連結会計年度に比べ2,778億円減の268億円となりました。

なお，当連結会計年度末の現金及び現金同等物の残高は，前連結会計年度末に比べ439億円増の2,150億円となりました。

また，当連結会計年度末のネット有利子負債残高は４兆5,598億円となりました。なお，「ネット有利子負債」とは，連結有利子負債残高から連結現金及び現金同等物の期末残高を差し引いた数値であります。

③　生産，受注及び販売の実績

当社および当社の連結子会社の大多数は，受注生産形態をとらない業態であります。

なお，販売の実績については，「(1) 経営成績等の状況の概要」におけるセグメントの業績に関連づけて示しております。

(2)　経営者の視点による経営成績等の状況に関する分析・検討内容 …………

経営者の視点による当社グループの経営成績等の状況に関する認識および分析・検討内容は次のとおりであります。

なお，文中における将来に関する事項は，当連結会計年度末現在において当社グループが判断したものであります。

①　財政状態及び経営成績の状況に関する認識及び分析・検討内容

a　経営成績

○　営業収益

当連結会計年度の営業収益は，新型コロナウイルス感染症の影響からの回復によりすべてのセグメントで増収となったことなどにより，前期比21.6%増の２兆4,055億円（対４月業績予想474億円減）となりました。

運輸事業の外部顧客への売上高は，前期比26.7%増の１兆6,185億円（対４月業績予想564億円減）となりました。これは，新型コロナウイルス感染

---

point　エキナカビジネスが順調に推移

ショッピングセンター事業は，100箇所以上，売上11 兆円規模となっている。2001年度より駅ビル事業の再編に着手。グループとしてマネジメントを強化。ローコストオペレーションを推進し，資産効率の向上に努めてきた。ルミネ，アトレ，エスパルの３社を軸とし，それぞれのブランドを地域特性に合わせて事業展開を行っている。

症の影響からの回復で鉄道運輸収入が増加したことに加え，Suicaに係る負債の収益計上時期を変更したことなどによるものであります。

新幹線に関しては，新型コロナウイルス感染症の影響からの回復により，輸送人キロは前期比58.8％増の164億人キロとなりました。定期収入は前期比4.6％増の212億円，定期外収入は前期比68.5％増の4,007億円となり，全体では前期比63.5％増の4,219億円となりました。

関東圏の在来線に関しては，新型コロナウイルス感染症の影響からの回復により，輸送人キロは前期比12.5％増の863億人キロとなりました。定期収入は前期比3.6％増の3,541億円，定期外収入は前期比28.0％増の6,021億円となり，全体では前期比17.8％増の9,563億円となりました。

関東圏以外の在来線に関しては，新型コロナウイルス感染症の影響からの回復により，輸送人キロは前期比13.3％増の46億人キロとなりました。定期収入は前期比0.8％増の161億円，定期外収入は前期比38.3％増の373億円となり，全体では前期比24.4％増の535億円となりました。

運輸事業以外の事業の外部顧客への売上高については，以下のとおりであります。流通・サービス事業では，新型コロナウイルス感染症の影響からの回復でエキナカ店舗の売上が増加したことなどにより，前期比17.9％増の3,278億円（対4月業績予想251億円減）となりました。不動産・ホテル事業では，新型コロナウイルス感染症の影響からの回復でホテルやショッピングセンターの売上が増加したことなどにより，前期比8.4％増の3,822億円（対4月業績予想292億円増）となりました。その他の事業では，クレジットカード事業の売上が増加したことなどにより，前期比8.2％増の769億円（対4月業績予想49億円増）となりました。

○　営業費用

営業費用は，前期比6.2％増の2兆2,649億円となりました。営業収益に対する営業費用の比率は，前連結会計年度の107.8％に対して，当連結会計年度は94.2％となりました。

運輸業等営業費及び売上原価は，前期比5.7％増の1兆6,878億円となり

---

point　300kmまでは新幹線に圧倒的優位性

長距離輸送においては，輸送距離が300km程度の場合には，新幹線が航空に対して圧倒的な競争力を持っている。鉄道と航空の二者間のシェアを見ると，距離300km台の東京と名古屋・仙台・新潟間の移動では，新幹線のシェアがほぼ100％である。

ました。これは，物件費が増加したことなどによるものであります。

販売費及び一般管理費は，前期比7.5%増の5,770億円となりました。これは，物件費が増加したことなどによるものであります。

○ 営業利益

営業利益は，1,406億円（対４月業績予想123億円悪化）となりました。前連結会計年度は，営業損失1,539億円でありました。

○ 営業外損益

営業外収益は，前期比4.9%減の420億円となりました。これは，協力金収入が減少したことなどによるものであります。

営業外費用は，前期比2.9%増の718億円となりました。これは，社債利息が増加したことなどによるものであります。

○ 経常利益

経常利益は，1,109億円（対４月業績予想129億円改善）となりました。前連結会計年度は，経常損失1,795億円でありました。

○ 特別損益

特別利益は，前期比45.4%増の932億円となりました。これは，受取補償金が増加したことなどによるものであります。

特別損失は，前期比16.3%増の757億円となりました。これは，工事負担金等圧縮額が増加したことなどによるものであります。

○ 税金等調整前当期純利益

税金等調整前当期純利益は，1,283億円となりました。前連結会計年度は，税金等調整前当期純損失1,805億円でありました。

○ 親会社株主に帰属する当期純利益

親会社株主に帰属する当期純利益は，税金等調整前当期純利益の計上などにより，992億円（対４月業績予想392億円改善）となりました。前連結会計年度は，親会社株主に帰属する当期純損失949億円でありました。前連結会計年度の１株当たり当期純損失251.69円に対し，当連結会計年度は１株当たり当期純利益263.38円となりました。

---

point 財政状態，経営成績及びキャッシュ・フローの状況の分析

「事業等の概要」の内容などをこの項目で詳しく説明している場合があるため，この項目も非常に重要。自社が事業を行っている市場は今後も成長するのか，それは世界のどの地域なのか，今社会の流れはどうなっていて，それに対して売上を伸ばすために何をしているのか，収益を左右する費用はなにか，などとても有益な情報が多い。

b　財政状態

当連結会計年度末の資産残高は前連結会計年度末に比べ2,604億円増の9兆3,518億円，負債残高は前連結会計年度末に比べ1,808億円増の6兆8,541億円，純資産残高は前連結会計年度末に比べ796億円増の2兆4,977億円となりました。

運輸事業においては，大規模地震対策やホームドア整備，車両新造，幕張豊砂駅新設工事などに3,730億円

の投資を行ったことなどにより，当連結会計年度末の資産残高は7兆871億円となりました。

流通・サービス事業においては，仙台駅北部高架下開発など，新規店舗の展開や既存店舗の改良などに156億円の投資を行ったことなどにより，当連結会計年度末の資産残高は3,535億円となりました。

不動産・ホテル事業においては，いわき駅南口開発や青森駅東口駅ビル開発など，ショッピングセンターやオフィスビル，ホテルの建設などに1,102億円の投資を行ったことなどにより，当連結会計年度末の資産残高は1兆8,150億円となりました。

その他の事業においては，システム開発などに557億円の投資を行ったことなどにより，当連結会計年度末の資産残高は1兆738億円となりました。

② キャッシュ・フローの状況の分析・検討内容並びに資本の財源及び資金の流動性に係る情報

a　キャッシュ・フロー

営業活動によるキャッシュ・フローは，前連結会計年度より3,912億円増加し，5,817億円の流入となりました。これは，税金等調整前当期純利益の計上などによるものであります。

投資活動によるキャッシュ・フローは，前連結会計年度より391億円増加し，5,655億円の流出となりました。これは，投資有価証券の取得による支出が増加したことなどによるものであります。

なお，設備投資の概要は以下のとおりです。

運輸事業に関しては，大規模地震対策やホームドア整備，車両新造，幕張豊砂駅新設工事などの設備投資を実施しました。流通・サービス事業に関しては，仙台駅北部高架下開発など，新規店舗の展開や既存店舗の改良などを行いました。不動産・ホテル事業に関しては，いわき駅南口開発や青森駅東口駅ビル開発などの設備投資を実施しました。その他の事業においては，システム開発などの設備投資を実施しました。

また，フリー・キャッシュ・フローは，前連結会計年度より3,520億円増加し，162億円の流入となりました。

財務活動によるキャッシュ・フローは，前連結会計年度より2,778億円減少し，268億円の流入となりました。これは，有利子負債の調達が減少したことなどによるものであります。

なお，現金及び現金同等物の期末残高は，前連結会計年度末の1,710億円から439億円増加し，2,150億円となりました。

b　財務政策

グループ経営ビジョン「変革2027」の早期実現に向けて，設備投資に関して，成長投資においては，収益力向上や生産性向上に資する投資を積極的に実施します。維持更新投資においては，大規模地震対策やホームドア整備など安全のレベルアップに資する投資を引き続き着実に進めるとともに，安全の確保を大前提とした投資の選択と集中を徹底します。さらに，「脱炭素社会」実現などの社会的課題の解決，地域社会など多様なステークホルダーへの貢献，長期的視点での生産性向上や業務変革を目指し，地方創生やDXなどの設備投資を厳選して実施します。2023年度から2027年度まで総額3兆8,900億円の投資を計画しています。また，株主還元については，中長期的に総還元性向40%を目標とし，配当性向は30%をめざすこととしております。このために必要な資金については，営業キャッシュ・フローによるほか，社債の発行や金融機関からの借入等による資金調達を行っており，連結有利子負債残高は，連結営業収益，利益に応じた水準とすることを中長期的な考え方としております。具体的には，ネット有利子負債/EBITDAを中

point 過去の高金利債務も着実に減少

JR3 社の特徴は，コストが年々徐々に減っていく構造が組み込まれているということ。国鉄の分割民営化時に，JR3 社が余剰人員を受け入れ，高金利時の 1991 年に新幹線資産を買い取り，これに対する債務の金利が高水準で固定されたことが費用水準を高いものにしているが，これらの費用水準が徐々に落ちていく。債務については，

期的に5倍程度，長期的に3.5倍程度とすることをめざしております。

「ネット有利子負債」とは，連結有利子負債残高から連結現金及び現金同等物の期末残高を差し引いた数値であり，当連結会計年度末のネット有利子負債残高は4兆5,598億円となりました（なお，当連結会計年度末の有利子負債残高は4兆7,748億円であります）。また，「EBITDA」とは，連結営業利益に連結減価償却費を加えた数値であり，当連結会計年度のEBITDAは5,305億円となりました。

当社グループはキャッシュマネジメントシステム（CMS）を導入しており，CMS参加各社の余裕資金の運用と資金調達の管理を一括して行い，連結ベースでの資金効率の向上に努めております。また，グループ間決済の相殺やグループ内の支払業務を集約する支払代行制度などの資金管理手法を採用しております。

当社は，健全な財務体質の維持・向上および十分な手元流動性の確保を基本方針に置き，社債の発行や金融機関からの借入等により資金調達を行っております。また，金利上昇リスクの抑制を目的とし，支払金利の固定化や，調達年限の長期化による支払金利の長期固定化を行っております。さらに，年度ごとの債務償還額の抑制および平準化に資する年限選択を行うことで，将来の借換リスク抑制を図っております。

当社は，当連結会計年度に国内において償還期限を2025年から2072年の間とする13本の無担保普通社債を総額1,820億円発行いたしました。これらの社債については，（株）格付投資情報センターよりAA+の格付けを取得しております。また，海外において償還期限を2025年から2043年の間とする4本の無担保普通社債を総額26億ユーロ（3,621億円）発行いたしました。これらの社債は，S＆Pグローバル・レーティング・ジャパン（株）よりA+，ムーディーズ・ジャパン（株）よりA1の長期債格付けを取得しております。その他，金融機関から1,745億円の長期資金を借り入れました。

新幹線鉄道施設に関連する鉄道施設購入長期未払金は，元利均等半年賦支払であり，年利6.55％の固定利率により2051年9月30日までに支払われる3,147億円であります。このほか，当連結会計年度末現在，東京モノレー

新幹線債務は元利均等の支払であるため，年々元本返済が加速し高金利の新幹線債務の割合が低下することにより平均支払金利も低下する。

ル（株）が３億円の鉄道施設購入長期未払金を有しております。

短期資金の需要に対応するため，当連結会計年度末現在，主要な銀行に総額3,600億円の当座借越枠を設定しております。また，コマーシャル・ペーパーについては，当連結会計年度末現在，（株）格付投資情報センターよりa-1+，（株）日本格付研究所よりJ-1+の短期債（CP）格付けを取得しております。なお，当連結会計年度末における当座借越残高およびコマーシャル・ペーパーの発行残高はありません。さらに，当連結会計年度末現在，銀行からのコミットメント・ライン（一定の条件のもと契約内での借入れが自由にできる融資枠）を3,000億円設定しておりますが，当連結会計年度末におけるコミットメント・ラインの使用残高はありません。

③ 重要な会計上の見積り及び当該見積りに用いた仮定

当社の連結財務諸表は，我が国において一般に公正妥当と認められる企業会計の基準に基づき作成されており，連結財務諸表の作成に当たっては，連結決算日における資産・負債および当連結会計年度における収益・費用の数値に影響を与える事項について，過去の実績や現在の状況に応じ合理的と考えられる様々な要因に基づき見積りを行った上で，継続して評価を行っております。ただし，実際の結果は，見積り特有の不確実性があるため，見積りと異なる場合があります。

連結財務諸表の作成に当たって用いた見積りや仮定のうち，財政状態および経営成績に重要な影響を与える可能性がある項目は以下のとおりです。

a 繰延税金資産の回収可能性

繰延税金資産の回収可能性に関する仮定に関しては，「第５　経理の状況　１（1）連結財務諸表　注記事項重要な会計上の見積り」に記載しております。

b 固定資産の減損

固定資産の減損に関する仮定に関しては，「第５　経理の状況　１（1）連結財務諸表　注記事項　重要な会計上の見積り」に記載しております。

c　**退職給付債務の見積り**

従業員の退職給付債務は，割引率，昇給率，退職率，死亡率等の数理計算上の前提条件を用いて見積りを行っております。数理計算上の前提条件と実績が異なる場合または前提条件の変更があった場合は，翌連結会計年度の退職給付債務の見積りに影響を与える可能性があります。

設備の状況

1 設備投資等の概要

当社および当社の連結子会社は，当連結会計年度は運輸事業を中心に全体で5,547億円の設備投資を実施しました。

運輸事業においては，大規模地震対策やホームドア整備，車両新造，幕張豊砂駅新設工事などに3,730億円の投資を行いました。

流通・サービス事業においては，仙台駅北部高架下開発など，新規店舗の展開や既存店舗の改良などに156億円の投資を行いました。

不動産・ホテル事業においては，いわき駅南口開発や青森駅東口駅ビル開発など，ショッピングセンターやオフィスビル，ホテルの建設などに1,102億円の投資を行いました。

その他の事業においては，システム開発などに557億円の投資を行いました。

なお，重要な設備の売却，除却はありません。

2 主要な設備の状況

2023年3月31日現在の主要な設備の状況は次のとおりであります。

(1) 提出会社

① 総括表

	帳簿価額(百万円)						従業員数(人)
	土地(面積千㎡)	建物	構築物	車両	その他	合計	
運輸事業	1, 610, 743 (165, 716)	541, 442	2, 281, 844	425, 985	240, 114	5, 100, 130	40, 580
不動産・ホテル事業	446, 747 (610)	400, 353	15, 035	15	3, 445	865, 596	226

(注) 1 上記は有形固定資産の残高（ただし，建設仮勘定は除く）であります。

2 運輸事業に供する土地の内訳は，線路用地（面積87,364千m²，帳簿価額821,282百万円），停車場用地（面積32,555千mm²，帳簿価額691,071百万円），鉄道林用地（面積38,518千mm²，帳簿価額681百万円），事務所用地，詰所用地，変電所用地等であります。

3 運輸事業に供する建物とは，停車場建物，詰所，事務所等であります。

4 運輸事業に供する構築物とは，高架橋，橋りょう，トンネル，配電線等であります。

5 「その他」は，自動車（運輸事業2,198百万円，不動産・ホテル事業2百万円），機械装置（運輸事業214,696百万円，不動産・ホテル事業3,119百万円），工具・器具・備品（運輸事業23,219百万円，

---

point 設備投資等の概要

セグメントごとの設備投資額を公開している。多くの企業にとって設備投資は競争力向上・維持のために必要不可欠だ。企業は売上の数％など一定の水準を設定して毎年設備への投資を行う。半導体などのテクノロジー関連企業は装置産業であり，技術発展がスピードが速いため，常に多額の設備投資を行う宿命にある。

不動産・ホテル事業323百万円）の合計であります。

6　上記のほかに，本社等管理施設，社宅，福利厚生施設等の固定資産があります。

7　貸付けを受けている主な設備は，次のとおりであります。

借入先	線名	営業キロ (km)	設備のうち		貸付終了年度	貸付料 (百万円)
			土地(㎡)	建物(㎡)		
独立行政法人鉄道建設・運輸施設整備支援機構	京葉線	50.0	798,870	119,676	2029年度	24,438
	北陸新幹線 (高崎～長野間)	117.4	957,539	82,538	2027年度	19,918
	北陸新幹線 (長野～上越妙高間)	59.5	324,650	41,390	2044年度	17,651
	東北新幹線 (盛岡～八戸間)	96.6	593,928	36,406	2032年度	9,575
	東北新幹線 (八戸～新青森間)	81.8	896,409	74,038	2040年度	9,731
					2040年度	2,200
	小計	405.3	3,571,397	354,050	－	83,516
成田空港高速鉄道株式会社	成田線	8.7	－	22,020	2025年度	784
合計		414.0	3,571,397	376,070	－	84,301

a　独立行政法人鉄道建設・運輸施設整備支援機構から貸付けを受けている京葉線については，あらかじめ国土交通大臣の認可を受けた貸付料を貸付けから40年間にわたり年2回支払うこととされております。この貸付料は，毎年，財産・管理費の増減などにより若干の変動はありますが，基本的な水準はほぼ変わりません。具体的な貸付料は，次の算式で計算されることとなっております。

貸付料基準額＝（a）＋（b）＋（c）－政府の補助額

（a）当該鉄道施設の建設に要した費用のうち借入れに係る部分を国土交通大臣が指定する期間および利率による元利均等半年賦支払の方法により償還するものとした場合における当該事業年度の半年賦金の合計額

（b）当該事業年度の当該鉄道施設に係る減価償却費の額に，当該鉄道施設の建設に要した費用のうち借入れに係る部分以外の部分の額を当該鉄道施設の建設に要した費用の額で除して得た率を乗じて計算した額

（c）当該事業年度の当該鉄道施設に係る鉄道建設債券に係る債券発行費および債券発行差金ならびに租税および管理費の合計額

また，設備の維持更新については，総額1億円以上の災害復旧工事等を除き，

---

point 主要な設備の状況

「設備投資等の概要」では各セグメントの1年間の設備投資金額のみの掲載だが，ここではより詳細に，現在セグメント別，または各子会社が保有している土地，建物，機械装置の金額が合計でどれくらいなのか知ることができる。

当社が行うこととなっております。貸付期間終了後は，当該線区の建設費から既に支払った貸付料総額のうち建設費相当額および政府補助額を差し引いた譲渡価額で譲渡を受けることができることとなっております。

b　独立行政法人鉄道建設・運輸施設整備支援機構から貸付けを受けている北陸新幹線（高崎～上越妙高間）および東北新幹線（盛岡～新青森間）については，あらかじめ国土交通大臣の認可を受けた貸付料を貸付けから30年間にわたり年4回支払うこととされております。この貸付料は，当該新幹線開業後の営業主体である当社の受益に基づいて算定された額および借り受けた鉄道施設に関して同機構が支払う租税ならびに同機構の管理費からなっておりますが，このうち受益に基づき算定された額については貸付けから30年間は定額とされております。

　なお，東北新幹線（八戸～新青森間）については，東北新幹線八戸～新青森間開業に伴う貸付料と北海道新幹線新青森～新函館北斗間開業に伴い付加して支払う貸付料とで分けて記載しております。また，設備の維持更新については，通常の維持管理は当社が行い，これを超えるものについては同機構において行うこととなっております。

c　成田空港高速鉄道株式会社から貸付けを受けている成田線（成田線分岐点～成田空港駅）については，当社との協定等に基づき，その貸付料は，当該鉄道施設の建設，保有および管理に要する費用を償うものとして，2021年4月から5年間にわたり年4回支払うこととされております。これによる2022年度の貸付料は784百万円であります。

　また，設備の維持更新については，資本的支出を伴う鉄道施設の変更は成田空港高速鉄道株式会社が行い，通常の保守管理は当社が行うこととなっております。

d　福島県から貸付けを受けている只見線（会津川口～只見間）については，当社との協定等に基づき，使用料を支払うこととしておりますが，当社が使用料を支払うことにより，当該区間における収支に欠損が生じないように必要な額を減免することとしております。これによる2022年度の使用料の支払いは発生しておりません。

また，鉄道施設の検査，修繕・交換等の保守に関わる業務は福島県で行い，保守の管理は当社が行っております。

② 運輸事業

a 線路および電路施設

線路	区間	営業キロ(km)	単線、複線等別	駅数(駅)	軌間(m)	電圧(V)	変電所数(箇所)
吾妻線	(渋川)～大前	55.3	単線	17	1.067	DC 1,500	4
赤羽線	(池袋)～(赤羽)	5.5	複線	2	〃	DC 1,500	-
左沢線	(北山形)～左沢	24.3	単線	10	〃	-	-
飯山線	豊野～(越後川口)	96.7	〃	30	〃	-	-
石巻線	(小牛田)～女川	44.7	〃	13	〃	-	-
五日市線	(拝島)～武蔵五日市	11.1	〃	6	〃	DC 1,500	1
伊東線	(熱海)～伊東	16.9	単線 複線	5	〃	DC 1,500	1
羽越線	(新津)～(秋田)	271.7	〃	58	〃	DC 1,500 AC20,000	6 1
内房線	(蘇我)～安房鴨川〔木更津経由〕	119.4	〃	29	〃	DC 1,500	12
越後線	(柏崎)～(新潟)	83.8	単線	30	〃	DC 1,500	6
奥羽線	(福島)～青森〔秋田経由〕 〔新青森～東青森を含む〕	484.5	単線 複線	100		AC20,000	7
	うち(福島)～新庄				1.435 1.067		
	新庄～大曲				1.067		
	大曲～秋田				1.435 1.067		
	秋田～青森				1.067		
青梅線	(立川)～奥多摩	37.2	単線 複線 ３線	24	〃	DC 1,500	3
大糸線	(松本)～南小谷	70.1	単線	32	〃	DC 1,500	5
大船渡線	(一ノ関)～気仙沼	62.0	〃	13	〃	-	-
大湊線	野辺地～大湊	58.4	〃	11	〃	-	-
男鹿線	(追分)～男鹿	26.4	〃	8	〃	AC20,000	1
鹿島線	(香取)～鹿島サッカースタジアム	17.4	〃	5	〃	DC 1,500	1
釜石線	(花巻)～釜石	90.2	〃	23	〃	-	-
烏山線	(宝積寺)～烏山	20.4	〃	7	〃	DC 1,500	1
川越線	(大宮)～(高麗川)	30.6	単線 ３線	9	〃	DC 1,500	5
北上線	(北上)～(横手)	61.1	単線	13	〃	-	-
久留里線	(木更津)～上総亀山	32.2	〃	13	〃	-	-
京葉線	(東京)～(蘇我)	43.0	複線	16	〃	DC 1,500	9
	(市川塩浜)～(南船橋) 〔西船橋経由〕	11.3	〃	-	〃	DC 1,500	-
気仙沼線	(前谷地)～柳津	17.5	単線	5	〃	-	-

線路	区間	営業キロ (km)	単線、複線等別	駅数 (駅)	軌間 (m)	電圧 (V)	変電所数 (箇所)
小海線	(小淵沢)～小諸	78.9	単線	30	1.067	－	－
五能線	(東能代)～(川部) 〔五所川原経由〕	147.2	〃	41	〃	－	－
相模線	(茅ヶ崎)～(橋本)	33.3	〃	16	〃	DC 1,500	1
篠ノ井線	(塩尻)～(篠ノ井)	66.7	単線 複線	13	〃	DC 1,500	7
上越線	(高崎)～(宮内)〔水上経由〕 (越後湯沢)～ガーラ湯沢	162.6 1.8	複線 〃	33 1	〃 1.435	DC 1,500 AC25,000	12 －
常磐線	(日暮里)～(岩沼)〔土浦経由〕	343.7	単線 複線 複々線	78	1.067	DC 1,500 AC20,000	9 8
	(三河島)～(南千住) 〔隅田川経由〕	5.7	単線	1	〃	DC 1,500	－
	(三河島)～(田端)	1.6	複線	－	〃	DC 1,500	－
信越線	(高崎)～横川	29.7	〃	7	〃	DC 1,500	1
	篠ノ井～長野	9.3	〃	5	〃	DC 1,500	1
	直江津～新潟 〔長岡経由〕 〔越後石山～東新潟を含む〕	136.3	〃	42	〃	DC 1,500	11
水郡線	(水戸)～(安積永盛)	137.5	単線	38	〃	－	－
	(上菅谷)～常陸太田	9.5	〃	5	〃	－	－
仙山線	(仙台)～(羽前千歳)	58.0	〃	16	〃	AC20,000	－
仙石線	あおば通～(石巻)	49.0	単線 複線	30	〃	DC 1,500	4
総武線	(東京)～銚子〔旭経由〕	120.5	単線 複線 複々線	41	〃	DC 1,500	20
	(錦糸町)～(御茶ノ水)	4.3	複線	2	〃	DC 1,500	1
	(小岩)～越中島貨物	11.7	単線	1	〃	－	－
	(小岩)～(金町)	8.9	〃	－	〃	DC 1,500	－
外房線	(千葉)～(安房鴨川)	93.3	単線 複線	25	〃	DC 1,500	9
高崎線	(大宮)～高崎〔宮原経由〕	74.7	複線	18	〃	DC 1,500	10
田沢湖線	(盛岡)～(大曲)	75.6	単線	16	1.435	AC20,000	1
只見線	(会津若松)～(小出)	135.2	〃	34	1.067	－	－
中央線	神田～代々木	8.3	複線 複々線	9	〃	DC 1,500	3
	(新宿)～塩尻〔みどり湖経由〕	211.8	単線 複線 複々線	58	〃	DC 1,500	25
	(岡谷)～(塩尻)〔辰野経由〕	27.7	単線	4	〃	DC 1,500	2
津軽線	(青森)～三厩	55.8	〃	17	〃		
	うち(青森)～中小国 中小国～三厩					AC20,000 －	1 －

線路	区間	営業キロ(km)	単線、複線等別	駅数(駅)	軌間(m)	電圧(V)	変電所数(箇所)
鶴見線	(鶴見)～扇町	7.0	複線 3線	8	1.067	DC 1,500	-
	(浅野)～海芝浦	1.7	単線 複線	2	〃	DC 1,500	-
	(武蔵白石)～大川	1.0	単線	1	〃	DC 1,500	-
東海道線	東京～熱海 〔川崎および横浜経由〕	104.6	複線 複々線 3複線 4複線	33	〃	DC 1,500	22
	(品川)～(鶴見)〔新川崎経由〕	17.8	複線	2	〃	DC 1,500	3
	(浜松町)～浜川崎	19.5	〃	2	〃	DC 1,500	2
	(鶴見)～(東戸塚) 〔横浜羽沢経由〕	16.0	〃	1	〃	DC 1,500	1
	(鶴見)～(八丁畷)	2.3	〃	-	〃	DC 1,500	-
	(鶴見)～(桜木町)	8.5	単線 複線	-	〃	DC 1,500	-
東金線	(大網)～(成東)	13.8	単線	3	〃	DC 1,500	-
東北線	(東京)～(神田)～盛岡 〔王子および仙台経由〕	535.3	複線 複々線 3複線 4複線 5複線	129	〃	DC 1,500 AC20,000	24 12
	(日暮里)～(赤羽)〔尾久経由〕	7.6	複線 複々線	1	〃	DC 1,500	-
	(赤羽)～(大宮)〔武蔵浦和経由〕	18.0	複線	10	〃	DC 1,500	2
	(長町)～(東仙台)〔宮城野経由〕	6.6	〃	1	〃	AC20,000	-
	(岩切)～利府	4.2	単線	2	〃	AC20,000	-
	(松島)～(高城町)	0.3	単線	-	〃	-	-
成田線	(佐倉)～(松岸)	75.4	単線 複線	14	〃	DC 1,500	6
	(成田)～(我孫子)	32.9	単線	8	〃	DC 1,500	2
	(成田)～成田空港	10.8	〃	2	〃	DC 1,500	2
南武線	(川崎)～(立川)	35.5	複線	24	〃	DC 1,500	4
	(尻手)～(浜川崎)	4.1	単線 複線 3線	3	〃	DC 1,500	-
	(尻手)～(鶴見)	5.4	単線	-	〃	DC 1,500	-
日光線	(宇都宮)～日光	40.5	〃	6	〃	DC 1,500	2
根岸線	(横浜)～(大船)	22.1	複線 3線	10	〃	DC 1,500	2
白新線	(新発田)～(新潟)	27.3	単線 複線 3線	8	〃	DC 1,500	2
八高線	(八王子)～(倉賀野)	92.0	単線	20	〃		
	うち(八王子)～高麗川 高麗川～(倉賀野)					DC 1,500 -	- -
八戸線	八戸～久慈	64.9	〃	24	〃	-	-
花輪線	好摩～(大館)	106.9	〃	26	〃	-	-

線路	区間	営業キロ(km)	単線、複線等別	駅数(駅)	軌間(m)	電圧(V)	変電所数(箇所)
磐越西線	(郡山)～(新津)	175.6	単線	41	1.067		
	うち(郡山)～喜多方 喜多方～(新津)					AC20,000 –	2 –
磐越東線	(いわき)～(郡山)	85.6	〃	14	〃	–	–
水戸線	(小山)～(友部)	50.2	〃	14	〃	AC20,000	–
武蔵野線	(鶴見)～(西船橋) 〔東浦和経由〕 〔新小平～国立を含む〕 〔南流山～北小金を含む〕 〔南流山～馬橋を含む〕	100.6	単線 複線	20	〃	DC 1,500	11
	(西浦和)～(与野)	4.9	複線	–	〃	DC 1,500	–
弥彦線	弥彦～(東三条)	17.4	単線	6	〃	DC 1,500	–
山田線	(盛岡)～宮古	102.1	〃	14	〃	–	–
山手線	(品川)～(代々木)～(田端) 〔新宿経由〕	20.6	複線 複々線 4複線	14	〃	DC 1,500	5
横須賀線	(大船)～久里浜	23.9	単線 複線	8	〃	DC 1,500	3
横浜線	(東神奈川)～(八王子)	42.6	複線	18	〃	DC 1,500	4
米坂線	(米沢)～(坂町)	90.7	単線	18	〃	–	–
陸羽西線	(新庄)～(余目)	43.0	〃	8	〃	–	–
陸羽東線	(小牛田)～(新庄)	94.1	〃	25	〃	–	–
両毛線	(小山)～(新前橋)	84.4	単線 複線	17	〃	DC 1,500	7
小計		6,108.0	–	1,617	–	–	307
東北新幹線	(東京)～(新青森)	713.7	複線	(17) 6	1.435	AC25,000	18
上越新幹線	(大宮)～(新潟)	303.6	〃	(7) 2	〃	AC25,000	6
北陸新幹線	(高崎)～上越妙高	176.9	〃	(3) 4	〃	AC25,000	4
小計		1,194.2	–	(27) 12	–	–	28
合計		7,302.2	–	(27) 1,629	–	–	335

(注) 1　区間欄中の(　)内の駅は，当該区間の駅数には含んでおりません。

2　新幹線駅数欄中の(　)中の駅数は，外数で在来線との併設駅数を示しております。
なお，東北新幹線には東京駅，新青森駅，上越新幹線には新潟駅を，それぞれ含めて記載しております。

3　電圧欄中のACは交流，DCは直流を示しております。

b　車両

(a) 車両数

区分	蒸気機関車(両)	電気機関車(両)	内燃機関車(両)	内燃動車(両)	電車				客車(両)	貨車(両)	合計(両)
					電動(両)	制御電動(両)	制御(両)	付随(両)			
在来線	4	28	27	552	5,026	497	2,672	2,073	45	64	10,988
新幹線	−	−	−	−	1,022	82	204	79	−	−	1,387
合計	4	28	27	552	6,048	579	2,876	2,152	45	64	12,375

(注)　上記のほかに線路建設保守用工作車348両およびその他の車両(入換動車等)28両を保有しております。

(b) 車両施設

主な車両センター，電車区等は次のとおりであります。

名称	所在地	土地		建物	
		面積(㎡)	帳簿価額(百万円)	面積(㎡)	帳簿価額(百万円)
新幹線総合車両センター	宮城県宮城郡利府町	477,880	7,636	198,405	4,997
新潟新幹線車両センター	新潟県新潟市東区	326,822	38,002	77,531	1,509
長野総合車両センター	長野県長野市	270,006	341	79,484	1,444
東京総合車両センター	東京都品川区	223,475	425	126,243	3,200
幕張車両センター	千葉県千葉市花見川区	178,089	2,706	13,594	372
京葉車両センター	千葉県千葉市美浜区	(172,213) −	− −	(8,428) 94	− 56
秋田総合車両センター	秋田県秋田市	171,131	64	67,087	1,529
長野新幹線車両センター	長野県長野市	(165,301) −	− −	(17,872) −	− 43
大宮総合車両センター	埼玉県さいたま市大宮区	162,782	73	87,395	2,213
郡山総合車両センター	福島県郡山市	161,294	247	76,868	803
秋田総合車両センター 南秋田センター	秋田県秋田市	136,669	262	28,673	1,158
盛岡新幹線車両センター	岩手県盛岡市	122,209	5,886	32,315	535
川越車両センター	埼玉県川越市	112,008	5,408	8,303	242
国府津車両センター	神奈川県小田原市	106,505	1,212	13,506	863
仙台車両センター	宮城県仙台市宮城野区	102,500	276	13,104	398
盛岡新幹線車両センター 青森派出所	青森県青森市	(99,138) −	− −	(31,473) −	− 9
尾久車両センター	東京都北区	91,815	176	15,472	578
豊田車両センター	東京都日野市	85,746	20	13,650	1,220

point **日本最大の鉄道会社**

年間60億人以上の旅客人員を有する日本最大の鉄道会社。営業エリアが関東と東北地方の 1都 16県に渡り，営業距離が 7,513kmに達している。運輸事業が全社売上高の67%となっている。

名称	所在地	土地		建物	
		面積(㎡)	帳簿価額(百万円)	面積(㎡)	帳簿価額(百万円)
山形新幹線車両センター	山形県山形市	85, 156	170	9, 342	291
鎌倉車両センター	神奈川県鎌倉市	79, 169	137	11, 978	601
東所沢電車区	埼玉県所沢市	68, 340	13	1, 715	91
小山車両センター	栃木県下野市	68, 264	46	12, 289	224
盛岡車両センター 八戸派出所	青森県八戸市	58, 883	7	5, 068	248
松戸車両センター	千葉県松戸市	57, 073	17	8, 221	264
郡山総合車両センター 会津若松派出所	福島県会津若松市	54, 688	24	4, 810	22
盛岡車両センター	岩手県盛岡市	48, 616	100	13, 317	419
つがる運輸区	青森県弘前市	47, 597	14	7, 353	487
小山新幹線車両センター	栃木県小山市	47, 534	1, 745	19, 626	468
さいたま車両センター	埼玉県川口市	46, 557	117	11, 416	518
水戸運輸区	茨城県水戸市	45, 663	20	2, 949	123

(注)（　）内は外数で独立行政法人鉄道建設・運輸施設整備支援機構から賃借中のものであります。

c　その他の主な設備

名称	所在地	土地		建物	
		面積(㎡)	帳簿価額(百万円)	面積(㎡)	帳簿価額(百万円)
上野保線技術センター	東京都北区	56, 563	389	4, 893	236
仙台保線技術センター	宮城県仙台市宮城野区	26, 348	421	5, 821	241
東京資材センター	東京都江東区	15, 184	100	6, 681	63
新潟資材センター	新潟県新潟市東区	8, 107	942	2, 100	30
仙台資材センター 盛岡派出	岩手県盛岡市	7, 576	3	1, 868	11
仙台資材センター	宮城県宮城郡利府町	5, 765	81	2, 005	38

point 注目の品川車両基地再開発

品川の車両基地再開発は今後最も期待が大きいイベント。JR東日本は2014年度に東北縦貫線を開通させる予定。これに伴い山手線で使用している車両を上野より北の車両基地に移すことが可能になるため，品川の車両基地を商業施設などとして再開発を進める見込み。

③ 不動産・ホテル事業

主な賃貸施設等は次のとおりであります。

名称	所在地	土地		建物		
		面積(㎡)	帳簿価額(百万円)	総面積(㎡)	帳簿価額(百万円)	賃貸面積(㎡)
WATERS takeshiba	東京都港区	25,043	11,918	106,516	38,198	106,516
ペリエ千葉	千葉県千葉市中央区	16,818	303	52,041	8,245	52,041
八王子駅ビル(セレオ八王子北館)	東京都八王子市	13,911	11,461	18,466	430	18,466
コトニアガーデン新川崎	神奈川県川崎市幸区	11,683	9	－	－	－
(一社)鎌倉スポーツコミッション(サッカーグラウンド)	神奈川県鎌倉市	11,583	7	－	－	－
ホテルファミリーオ館山	千葉県館山市	11,035	0	3,415	195	3,415
メトロポリタンプラザビル	東京都豊島区	9,895	46,551	－	－	－
仙台駅ビル(エスパル仙台東館)	宮城県仙台市青葉区	8,836	9	36,982	8,321	36,982
保土ヶ谷マンション(アーバンハイツ保土ヶ谷)	神奈川県横浜市保土ヶ谷区	8,053	185	－	－	－
盛岡駅ビル(フェザン)	岩手県盛岡市	7,997	1,337	18,340	123	18,340
水戸駅ビル(エクセルみなみ)	茨城県水戸市	7,976	7	31,940	1,966	31,940
リエットガーデン三鷹	東京都三鷹市	7,730	3	－	－	－
ホテルメトロポリタン	東京都豊島区	7,647	12,797	－	－	－
新潟南口駅ビル(CoCoLo南館)	新潟県新潟市中央区	7,502	5	43,585	2,663	43,585
KAWASAKI DELTA	神奈川県川崎市幸区	7,458	7,028	134,673	47,003	134,673
長野駅ビル(MIDORI長野)	長野県長野市	7,434	2,135	14,624	1,441	14,624
国分寺駅ビル(セレオ国分寺)	東京都国分寺市	7,417	7,597	－	－	－
川崎駅ビル(アトレ川崎店)	神奈川県川崎市川崎区	7,381	9,622	17,186	2,788	17,186
巣鴨マンション(アーバンハイツ巣鴨)	東京都豊島区	6,882	1,651	－	－	－
会津若松駅食品館ピボット	福島県会津若松市	6,614	56	2,085	51	2,085
ホテルメトロポリタンエドモント	東京都千代田区	6,589	12,422	27,329	1,090	27,329
立川駅ビル(ルミネ立川店)	東京都立川市	6,382	8,425	19,329	1,162	19,329
ＪＲ横浜タワー	神奈川県横浜市西区	6,260	24,672	96,297	53,492	96,297
平塚駅ビル(ラスカ平塚店)	神奈川県平塚市	6,247	4,792	10,304	70	10,304
ホテルメトロポリタン長野	長野県長野市	6,218	32	26,366	1,636	26,366
ガーラ湯沢スキー場	新潟県南魚沼郡湯沢町	5,876	754	23,881	1,641	23,881
ホリデイスポーツクラブ秋田店	秋田県秋田市	5,680	2	－	－	－
秋田生鮮市場保戸野店	秋田県秋田市	5,479	289	－	－	－
ＪＲ品川イーストビル	東京都港区	5,245	17	62,739	6,383	62,739
秋田駅ビル(アルス)	秋田県秋田市	5,126	300	27,803	1,149	27,803

(2) 国内子会社

① 運輸事業の主な設備の内訳

会社名 所在地	帳簿価額(百万円)					従業員数 (人)
	土地 (面積千㎡)	建物	構築物	その他	合計	
㈱総合車両製作所 神奈川県横浜市金沢区	1,561 (265)	4,956	1,938	4,768	13,224	1,195
東京モノレール㈱ 東京都港区	2,509 (58)	1,254	5,036	2,371	11,172	284

② 流通・サービス事業の主な設備の内訳

会社名 所在地	帳簿価額(百万円)					従業員数 (人)
	土地 (面積千㎡)	建物	構築物	その他	合計	
㈱ＪＲ東日本クロスステーション 東京都渋谷区	15,405 (44)	46,657	334	7,542	69,940	2,564
ＪＲ東日本スポーツ㈱ 東京都豊島区	– (–)	8,175	175	677	9,027	244

③ 不動産・ホテル事業の主な設備の内訳

会社名 所在地	帳簿価額(百万円)					従業員数 (人)
	土地 (面積千㎡)	建物	構築物	その他	合計	
㈱ＪＲ東日本ビルディング 東京都渋谷区	69,447 (22)	45,904	585	434	116,372	139
㈱ジェイアール東日本都市開発 東京都渋谷区	4,403 (24)	58,604	2,105	930	66,045	461
㈱アトレ 東京都渋谷区	– (–)	43,109	247	1,885	45,242	360
㈱ルミネ 東京都渋谷区	2,313 (1)	41,047	474	1,091	44,927	493
日本ホテル㈱ 東京都豊島区	41 (0)	23,015	238	2,076	25,371	1,446
仙台ターミナルビル㈱ 宮城県仙台市青葉区	– (–)	15,812	1,122	525	17,460	380
㈱千葉ステーションビル 千葉県千葉市中央区	3,476 (12)	12,357	111	641	16,586	130
㈱ＪＲ中央線コミュニティデザイン 東京都小金井市	834 (2)	14,818	531	181	16,366	194
湘南ステーションビル㈱ 神奈川県平塚市	93 (0)	9,308	219	166	9,787	91

④　その他の事業の主な設備の内訳

会社名 所在地	帳簿価額(百万円)					従業員数 (人)
	土地 (面積千㎡)	建物	構築物	その他	合計	
㈱ＪＲ東日本情報システム 東京都新宿区	1 (0)	1,285	－	8,430	9,717	1,363

(注) 1　上記は有形固定資産の残高（ただし，建設仮勘定は除く）であります。

2　帳簿価額の「その他」は，機械装置，車両運搬具および工具・器具・備品の合計額であります。

3　従業員数は，就業人員数であります。

3 設備の新設，除却等の計画

(1) 重要な設備の新設および改修の計画は次のとおりであります。

	件名	予定総額（百万円）	既支払額（百万円）	資金調達方法	工事着工年月	完成予定年月
運輸事業	安全・安定輸送対策					
	新幹線台車モニタリング装置搭載工事	16,958	36	自己資金	2021年6月	2026年度
	東京圏主要路線ホームドア整備	227,712	67,321	自己資金 負担金	2013年4月	2031年度末
	大規模地震対策工事	592,882	449,907	自己資金	2003年6月	2029年3月
	輸送改善等					
	首都圏主要線区ＡＴＡＣＳ化工事	61,091	3,630	自己資金	2020年7月	2028年頃
	福島駅アプローチ線新設工事	11,793	1,531	自己資金	2018年8月	2026年度
	首都圏主要線区ワンマン運転に伴う工事	39,941	3,220	自己資金	2017年11月	2025年頃
	東北新幹線盛岡～新青森間速度向上に向けた地上設備工事	11,602	1,017	自己資金	2017年9月	2027年度
	中野駅自由通路・新駅舎整備、駅ビル開発工事	33,417	5,655	自己資金 負担金	2014年10月	2027年
	中央快速線等グリーン車導入に伴う工事	60,194	29,371	自己資金	2014年6月	2024年度以降
	渋谷駅改良、自由通路整備工事	88,600	52,386	自己資金 負担金	2014年4月	2027年度末
	御茶ノ水駅改良等工事	22,769	11,505	自己資金 負担金	2013年12月	2023年度
	浜松町駅北口自由通路・橋上駅舎整備	25,867	1,958	自己資金 負担金	2013年2月	2029年9月
	品川駅北口駅改良・駅ビル整備	109,200	14,558	自己資金 負担金	2012年7月	2030年度
	渋谷駅南口橋上駅舎新設工事	18,281	2,013	自己資金 負担金	2011年12月	2027年9月
	東海道線新橋駅改良工事	32,938	27,203	自己資金	2010年11月	2031年3月
	松戸駅改良、駅ビル開発工事	27,112	5,401	自己資金	2010年6月	2027年春
	十条駅付近連続立体交差化工事	31,806	776	自己資金 負担金	2009年6月	2030年度
	東京駅南部東西自由通路整備	24,210	4,904	自己資金 負担金	2007年7月	2029年頃
	車両新造	95,000	－	自己資金	2023年4月	2024年3月
不動産・ホテル事業	駅ビル等建設					
	ＭＥＧＵＲＯ　ＭＡＲＣ開発	23,084	22,386	自己資金	2019年8月	2023年11月
	渋谷スクランブルスクエア建設工事	42,300	39,163	自己資金 負担金	2010年5月	2027年度
	ＴＡＫＡＮＡＷＡ　ＧＡＴＥＷＡＹ　ＣＩＴＹ	580,000	96,095	自己資金	2009年7月	2025年度

（注）「新幹線台車モニタリング装置搭載工事」については，当連結会計年度より記載しております。

(2) 設備の除却等の計画については，特に記載する事項はありません。

提出会社の状況

1　株式等の状況

(1)　株式の総数等

①　株式の総数

種類	発行可能株式総数(株)
普通株式	1,600,000,000
計	1,600,000,000

②　発行済株式

種類	事業年度末現在発行数(株)(2023年3月31日)	提出日現在発行数(株)(2023年6月22日)	上場金融商品取引所名又は登録認可金融商品取引業協会名	内容
普通株式	377,932,400	377,932,400	東京証券取引所プライム市場	単元株式数は100株であります。
計	377,932,400	377,932,400	−	−

経理の状況

1　連結財務諸表及び財務諸表の作成方法について

(1)　当社の連結財務諸表は，「連結財務諸表の用語，様式及び作成方法に関する規則」（昭和51年大蔵省令第28号）に基づいて作成しております。

(2)　当社の財務諸表は，「財務諸表等の用語，様式及び作成方法に関する規則」（昭和38年大蔵省令第59号，以下「財務諸表等規則」という）第2条の規定に基づき，財務諸表等規則および「鉄道事業会計規則」（昭和62年運輸省令第7号）により作成しております。

2　監査証明について

当社は，金融商品取引法第193条の2第1項の規定に基づき，連結会計年度（2022年4月1日～2023年3月31日）の連結財務諸表および事業年度（2022年4月1日～2023年3月31日）の財務諸表について，有限責任あずさ監査法人により監査を受けております。

3　連結財務諸表等の適正性を確保するための特段の取組みについて

当社および当社の連結子会社は，連結財務諸表等の適正性を確保するための特段の取組みを行っております。具体的には，当社および当社の連結子会社において，共通の会計システムやマニュアル等に基づく連結決算作業を行うほか，経理実務担当者を対象とした研修等を実施しております。

また，会計基準等の変更等を適切に把握し対応するため，公益財団法人財務会計基準機構に加入し，同機構の開催するセミナー等に参加しております。

1　連結財務諸表等

(1)　【連結財務諸表】

①　【連結貸借対照表】

(単位：百万円)

	前連結会計年度 (2022年3月31日)	当連結会計年度 (2023年3月31日)
資産の部		
流動資産		
現金及び預金	※1 171,194	※1 215,193
受取手形、売掛金及び契約資産	※2 503,581	※2 568,880
未収運賃	53,246	66,104
有価証券	100	－
販売用不動産	※7 18,006	※7 45,177
棚卸資産	※12 94,213	※12 90,491
その他	※10 69,459	※10 70,044
貸倒引当金	△2,802	△3,105
流動資産合計	907,001	1,052,784
固定資産		
有形固定資産		
建物及び構築物（純額）	※1 3,861,442	※1 3,856,298
機械装置及び運搬具（純額）	747,230	712,443
土地	2,164,997	2,185,869
建設仮勘定	334,610	399,205
その他（純額）	69,575	60,744
有形固定資産合計	※4,※5,※6,※7,※11 7,177,855	※4,※5,※6,※7,※11 7,214,561
無形固定資産	※5,※7,※11 169,970	※5,※6,※7,※11 198,805
投資その他の資産		
投資有価証券	※8 301,490	※8 357,341
長期貸付金	1,987	2,437
繰延税金資産	442,562	432,011
退職給付に係る資産	803	961
その他	90,968	94,438
貸倒引当金	△1,214	△1,442
投資その他の資産合計	836,597	885,747
固定資産合計	8,184,423	8,299,114
資産合計	9,091,424	9,351,899

point　設備の新設，除却等の計画

ここでは今後，会社がどの程度の設備投資を計画しているか知ることができる。毎期どれくらいの設備投資を行っているか確認すると，技術等での競争力維持に積極的な姿勢かどうか，どのセグメントを重要視しているか分かる。また景気が悪化したときは設備投資額を減らす傾向にある。

（単位：百万円）

	前連結会計年度 (2022年３月31日)	当連結会計年度 (2023年３月31日)
負債の部		
流動負債		
支払手形及び買掛金	※1 47,876	※1 44,250
短期借入金	202,249	150,000
1年内償還予定の社債	111,000	214,999
1年内に支払う鉄道施設購入長期未払金	※1,※11 3,806	※1,※11 4,065
未払金	422,653	493,162
未払消費税等	34,654	43,960
未払法人税等	10,938	16,186
預り連絡運賃	27,847	36,314
前受運賃	69,598	78,047
賞与引当金	52,715	59,905
災害損失引当金	22,465	12,349
一部線区移管引当金	128	－
その他	※3 682,624	※3 379,009
流動負債合計	1,688,558	1,532,252
固定負債		
社債	2,431,665	2,760,870
長期借入金	1,309,950	1,333,950
鉄道施設購入長期未払金	※1,※11 315,067	※1,※11 311,001
繰延税金負債	2,309	2,367
新幹線鉄道大規模改修引当金	144,000	168,000
災害損失引当金	2,591	2,024
退職給付に係る負債	465,346	445,843
その他	313,823	297,875
固定負債合計	4,984,754	5,321,933
負債合計	6,673,313	6,854,186
純資産の部		
株主資本		
資本金	200,000	200,000
資本剰余金	96,411	96,445
利益剰余金	2,047,407	2,132,049
自己株式	△5,563	△8,913
株主資本合計	2,338,255	2,419,581
その他の包括利益累計額		
その他有価証券評価差額金	47,830	43,302
繰延ヘッジ損益	2,464	2,548
土地再評価差額金	※13 △256	※13 △35
為替換算調整勘定	257	284
退職給付に係る調整累計額	6,377	7,570
その他の包括利益累計額合計	56,672	53,670
非支配株主持分	23,182	24,462
純資産合計	2,418,110	2,497,713
負債純資産合計	9,091,424	9,351,899

point 株式の総数等

発行可能株式総数とは，会社が発行することができる株式の総数のことを指す。役員会では，株主総会の了承を得ないで，必要に応じてその株数まで，株を発行することができる。敵対的TOBでは，経営陣が，自社をサポートしてくれる側に，新株を第三者割り当てで発行して，買収を防止することがある。

② 【連結損益計算書及び連結包括利益計算書】

【連結損益計算書】

（単位：百万円）

	前連結会計年度 （自 2021年４月１日 至 2022年３月31日）	当連結会計年度 （自 2022年４月１日 至 2023年３月31日）
営業収益	※1 1,978,967	※1 2,405,538
営業費		
運輸業等営業費及び売上原価	1,596,068	1,687,833
販売費及び一般管理費	※2 536,836	※2 577,075
営業費合計	2,132,905	2,264,909
営業利益又は営業損失（△）	△153,938	140,628
営業外収益		
受取利息	149	93
受取配当金	9,651	4,861
物品売却益	1,416	1,331
受取保険金及び配当金	6,559	5,481
持分法による投資利益	12,015	23,322
雑収入	14,446	6,996
営業外収益合計	44,239	42,086
営業外費用		
支払利息	62,158	63,754
物品売却損	168	203
雑支出	7,476	7,846
営業外費用合計	69,802	71,804
経常利益又は経常損失（△）	△179,501	110,910
特別利益		
固定資産売却益	※5 6,498	※5 4,790
投資有価証券売却益	20,651	9,861
工事負担金等受入額	※6 20,784	※6 40,925
受取補償金	※7 4,944	※7 27,595
その他	11,238	10,040
特別利益合計	64,117	93,213
特別損失		
固定資産売却損	※8 166	※8 327
固定資産除却損	※9 2,452	※9 2,484
工事負担金等圧縮額	※10 15,269	※10 36,331
減損損失	※11 9,652	※11 19,063
その他	37,577	17,541
特別損失合計	65,118	75,749
税金等調整前当期純利益又は 税金等調整前当期純損失（△）	△180,502	128,375
法人税、住民税及び事業税	12,527	14,666
法人税等調整額	△98,505	13,163
法人税等合計	△85,977	27,830
当期純利益又は当期純損失（△）	△94,525	100,545
非支配株主に帰属する当期純利益	423	1,312
親会社株主に帰属する当期純利益又は 親会社株主に帰属する当期純損失（△）	△94,948	99,232

point 連結財務諸表等

ここでは主に財務諸表の作成方法についての説明が書かれている。企業は大蔵省が定めた規則に従って財務諸表を作るよう義務付けられている。また金融商品法に従い，作成した財務諸表がどの監査法人によって監査を受けているかも明記されている。

【連結包括利益計算書】

（単位：百万円）

	前連結会計年度 （自 2021年4月1日 至 2022年3月31日）	当連結会計年度 （自 2022年4月1日 至 2023年3月31日）
当期純利益又は当期純損失（△）	△94, 525	100, 545
その他の包括利益		
その他有価証券評価差額金	△5, 650	△5, 684
繰延ヘッジ損益	326	48
為替換算調整勘定	257	26
退職給付に係る調整額	△783	1, 262
持分法適用会社に対する持分相当額	△167	261
その他の包括利益合計	※1　△6, 017	※1　△4, 085
包括利益	△100, 543	96, 459
（内訳）		
親会社株主に係る包括利益	△100, 972	95, 139
非支配株主に係る包括利益	429	1, 320

③ 【連結株主資本等変動計算書】

前連結会計年度（自2021年4月1日　至2022年3月31日）

（単位：百万円）

	株主資本				
	資本金	資本剰余金	利益剰余金	自己株式	株主資本合計
当期首残高	200,000	96,522	2,181,570	△5,553	2,472,539
会計方針の変更による累積的影響額			△1,228		△1,228
会計方針の変更を反映した当期首残高	200,000	96,522	2,180,341	△5,553	2,471,311
当期変動額					
剰余金の配当			△37,760		△37,760
親会社株主に帰属する当期純損失（△）			△94,948		△94,948
合併による増減		△13	666		653
自己株式の取得				△10	△10
自己株式の処分			△0	0	0
持分法適用会社に対する持分変動に伴う自己株式の増減					−
連結範囲の変動			△715		△715
持分法の適用範囲の変動					−
連結子会社の増資による持分の増減		△98			△98
連結子会社株式の取得による持分の増減					−
土地再評価差額金の取崩			△176		△176
株主資本以外の項目の当期変動額（純額）					
当期変動額合計	−	△111	△132,933	△10	△133,055
当期末残高	200,000	96,411	2,047,407	△5,563	2,338,255

	その他の包括利益累計額						非支配株主持分	純資産合計
	その他有価証券評価差額金	繰延ヘッジ損益	土地再評価差額金	為替換算調整勘定	退職給付に係る調整累計額	その他の包括利益累計額合計		
当期首残高	54,322	2,137	△433	△25	6,486	62,487	22,334	2,557,361
会計方針の変更による累積的影響額								△1,228
会計方針の変更を反映した当期首残高	54,322	2,137	△433	△25	6,486	62,487	22,334	2,556,132
当期変動額								
剰余金の配当								△37,760
親会社株主に帰属する当期純損失（△）								△94,948
合併による増減								653
自己株式の取得								△10
自己株式の処分								0
持分法適用会社に対する持分変動に伴う自己株式の増減								−
連結範囲の変動								△715
持分法の適用範囲の変動								−
連結子会社の増資による持分の増減								△98
連結子会社株式の取得による持分の増減								−
土地再評価差額金の取崩								△176
株主資本以外の項目の当期変動額（純額）	△6,491	326	176	282	△108	△5,814	848	△4,966
当期変動額合計	△6,491	326	176	282	△108	△5,814	848	△138,021
当期末残高	47,830	2,464	△256	257	6,377	56,672	23,182	2,418,110

point 連結財務諸表

ここでは貸借対照表（またはバランスシート，BS），損益計算書（PL），キャッシュフロー計算書の詳細を調べることができる。あまり会計に詳しくない場合は，最低限，損益計算書の売上と営業利益を見ておけばよい。可能ならば，その数字が過去5年，10年の間にどのように変化しているか調べると会社への理解が深まるだろう。

当連結会計年度（自2022年4月1日　至2023年3月31日）

（単位：百万円）

	株主資本				
	資本金	資本剰余金	利益剰余金	自己株式	株主資本合計
当期首残高	200,000	96,411	2,047,407	△5,563	2,338,255
会計方針の変更による累積的影響額					－
会計方針の変更を反映した当期首残高	200,000	96,411	2,047,407	△5,563	2,338,255
当期変動額					
剰余金の配当			△37,759		△37,759
親会社株主に帰属する当期純利益			99,232		99,232
合併による増減			873		873
自己株式の取得				△1,139	△1,139
自己株式の処分					－
持分法適用会社に対する持分変動に伴う自己株式の増減				△2,210	△2,210
連結範囲の変動					－
持分法の適用範囲の変動			22,198		22,198
連結子会社の増資による持分の増減					－
連結子会社株式の取得による持分の増減		34			34
土地再評価差額金の取崩			96		96
株主資本以外の項目の当期変動額（純額）					
当期変動額合計	－	34	84,641	△3,350	81,326
当期末残高	200,000	96,445	2,132,049	△8,913	2,419,581

	その他の包括利益累計額						非支配株主持分	純資産合計
	その他有価証券評価差額金	繰延ヘッジ損益	土地再評価差額金	為替換算調整勘定	退職給付に係る調整累計額	その他の包括利益累計額合計		
当期首残高	47,830	2,464	△256	257	6,377	56,672	23,182	2,418,110
会計方針の変更による累積的影響額								－
会計方針の変更を反映した当期首残高	47,830	2,464	△256	257	6,377	56,672	23,182	2,418,110
当期変動額								
剰余金の配当								△37,759
親会社株主に帰属する当期純利益								99,232
合併による増減								873
自己株式の取得								△1,139
自己株式の処分								－
持分法適用会社に対する持分変動に伴う自己株式の増減								△2,210
連結範囲の変動								－
持分法の適用範囲の変動								22,198
連結子会社の増資による持分の増減								－
連結子会社株式の取得による持分の増減								34
土地再評価差額金の取崩								96
株主資本以外の項目の当期変動額（純額）	△4,527	84	221	26	1,192	△3,002	1,279	△1,723
当期変動額合計	△4,527	84	221	26	1,192	△3,002	1,279	79,602
当期末残高	43,302	2,548	△35	284	7,570	53,670	24,462	2,497,713

④ 【連結キャッシュ・フロー計算書】

（単位：百万円）

	前連結会計年度 （自 2021年4月1日 至 2022年3月31日）	当連結会計年度 （自 2022年4月1日 至 2023年3月31日）
営業活動によるキャッシュ・フロー		
税金等調整前当期純利益又は 税金等調整前当期純損失（△）	△180,502	128,375
減価償却費	392,626	389,885
減損損失	9,652	19,063
長期前払費用償却額	11,279	10,623
新幹線鉄道大規模改修引当金の 増減額（△は減少）	24,000	24,000
退職給付に係る負債の増減額（△は減少）	△17,594	△17,915
受取利息及び受取配当金	△9,800	△4,955
支払利息	62,158	63,754
工事負担金等受入額	△20,784	△40,925
受取補償金	△4,944	△27,595
固定資産除却損	32,089	34,633
固定資産圧縮損	15,269	36,331
売上債権の増減額（△は増加）	△43,868	△57,767
仕入債務の増減額（△は減少）	△27,555	72,464
その他	21,660	△7,246
小計	263,685	622,725
利息及び配当金の受取額	11,821	7,512
利息の支払額	△61,426	△62,008
災害に伴う保険金の受取額	6,000	4,534
災害損失の支払額	△8,948	△10,275
補償金の受取額	4,944	27,595
一部線区移管に係る支払額	△1,156	△142
法人税等の支払額	△24,413	△8,186
営業活動によるキャッシュ・フロー	190,506	581,755
投資活動によるキャッシュ・フロー		
有形及び無形固定資産の取得による支出	△583,055	△555,583
有形及び無形固定資産の売却による収入	8,108	6,409
工事負担金等受入による収入	34,481	12,528
投資有価証券の取得による支出	△10,247	△36,394
投資有価証券の売却による収入	40,158	21,958
その他	△15,804	△14,430
投資活動によるキャッシュ・フロー	△526,358	△565,511
財務活動によるキャッシュ・フロー		
短期借入金の増減額（△は減少）	△239,250	△60,749
コマーシャル・ペーパーの増減額（△は減少）	△85,000	△330,000
長期借入れによる収入	298,650	174,500
長期借入金の返済による支出	△139,392	△142,000
社債の発行による収入	612,302	544,151
社債の償還による支出	△90,000	△111,000
鉄道施設購入長期未払金の支払による支出	△4,215	△3,806
配当金の支払額	△37,760	△37,759
その他	△10,691	△6,504
財務活動によるキャッシュ・フロー	304,642	26,830
現金及び現金同等物に係る換算差額	282	124
現金及び現金同等物の増減額（△は減少）	△30,926	43,200
現金及び現金同等物の期首残高	197,960	171,023
新規連結に伴う現金及び現金同等物の増加額	3,299	-
合併に伴う現金及び現金同等物の増加額	689	776
現金及び現金同等物の期末残高	※1 171,023	※1 215,000

point 今も残る旧国鉄時代の遺産

JR 各社は旧国鉄の民営化後に民間企業として運営されている一方で，「鉄道施設購入長期未払金」の支払いが毎年生じる。旧国鉄時代に建設された新幹線を 3 社で独占しており，旧国鉄時代に確保した競争力の高い山手線などの路線や土地も保有している。このような歴史的経緯から一般の民間企業と単純比較はできない一面もある。

【注記事項】

(連結財務諸表作成のための基本となる重要な事項)

1　連結の範囲に関する事項

子会社のうち（株）ビューカード，（株）JR東日本クロスステーション，ジェイアールバス関東（株），（株）総合車両製作所等69社を連結の範囲に含めております。

（株）JR東日本クロスステーションは非連結子会社の（株）NRE高崎サービスを，（株）ステーションビルMIDORIは非連結子会社の長鉄開発（株）を，JR東日本新潟シティクリエイト（株）は非連結子会社の（株）ジェイアール新潟ビジネスをそれぞれ吸収合併しております。

非連結子会社は（株）ルミネリゾート，（株）アトレインターナショナル等であります。非連結子会社の総資産の合計額，売上高の合計額，当期純損益および利益剰余金の額等のうち持分に見合う額の合計額は，連結会社の総資産の合計額，売上高の合計額，当期純損益および利益剰余金の額等のうち持分に見合う額の合計額に比していずれも少額であり，これらの子会社を連結の範囲から除外しても当企業集団の財政状態および経営成績に関する合理的な判断を妨げる程度の重要性はありません。

2　持分法の適用に関する事項

関連会社のうちUQコミュニケーションズ（株），鉄建建設（株）等11社に対する投資について持分法を適用しております。

なお，株式を取得したこと等により，東鉄工業（株），第一建設工業（株），鉄建建設（株），仙建工業（株）および（株）交通建設については，当連結会計年度より持分法適用関連会社に含めております。

非連結子会社および持分法非適用の関連会社（成田空港高速鉄道（株）等）に対する投資については，それぞれの当期純損益および利益剰余金の額等のうち持分に見合う額の合計額が，連結会社および持分法を適用する会社の当期純損益および利益剰余金の額等のうち持分に見合う額の合計額に比していずれも少額であり，連結純損益および連結利益剰余金等に及ぼす影響が軽微であるため，持分法

point　着実に減少する新幹線関連債務

JR東日本は，「新幹線鉄道に係る鉄道施設の譲渡等に関する法律」に基づき，1991年に東北および上越新幹線鉄道に係る鉄道施設を新幹線鉄道保有機構から3兆1069億円で譲り受けた。うち2兆7404億円については約26年，3665億円については60年の元利均等半年賦により鉄道整備基金に支払うこと等に関して契約を結んでいる。

を適用しておりません。

なお，持分法適用関連会社のうち決算日が連結決算日と異なる会社については，当該会社の事業年度に係る財務諸表を使用しております。

3　連結子会社の事業年度等に関する事項

連結子会社のうちJR East Business Development SEA Pte. Ltd.，台灣捷爾東事業開發股份有限公司および捷福旅館管理顧問股份有限公司の事業年度の末日は12月31日，（株）オレンジページの事業年度の末日は2月28日であります。連結財務諸表の作成に当たっては，同日現在の決算財務諸表を使用しておりますが，連結決算日との間に生じた重要な取引については，連結上必要な調整をしております。

また，（株）ガーラ湯沢の事業年度の末日は9月30日でありますが，連結決算日現在で実施した仮決算に基づく財務諸表により作成しております。

4　会計方針に関する事項

（1）　重要な資産の評価基準および評価方法

①　有価証券の評価基準および評価方法

満期保有目的の債券

償却原価法（定額法）によっております。

その他有価証券

a　市場価格のない株式等以外のもの

時価法によっております（評価差額は全部純資産直入法により処理し，売却原価は主として移動平均法により算定）。

b　市場価格のない株式等

主として移動平均法に基づく原価法によっております。

c　組合出資金等（金融商品取引法（昭和23年法律第25号）第2条第2項により有価証券とみなされるもの）

組合契約に規定される決算報告日に応じて入手可能な最近の決算書を基礎とし，持分相当額を純額で取り込む方法によっております。

② デリバティブの評価基準および評価方法

時価法によっております。

③ 棚卸資産の評価基準および評価方法

販売用不動産	個別法に基づく原価法によっております（貸借対照表価額は収益性の低下に基づく簿価切下げの方法により算定）。
商品及び製品	主として売価還元法，移動平均法に基づく原価法によっております（貸借対照表価額は収益性の低下に基づく簿価切下げの方法により算定）。
仕掛品	主として個別法に基づく原価法によっております（貸借対照表価額は収益性の低下に基づく簿価切下げの方法により算定）。
原材料及び貯蔵品	主として移動平均法に基づく原価法によっております（貸借対照表価額は収益性の低下に基づく簿価切下げの方法により算定）。

(2) 重要な減価償却資産の減価償却の方法

① 有形固定資産

定率法によっております。ただし，1998年4月1日以降取得した建物（建物附属設備を除く），2016年4月1日以降取得した建物附属設備および構築物ならびに連結子会社の一部有形固定資産については定額法によっております。なお，鉄道事業取替資産については取替法によっております。

耐用年数および残存価額等については，法人税法に規定する方法と同一の基準によっております。

所有権移転外ファイナンス・リース取引に係るリース資産については，リース期間を耐用年数とし，残存価額を零とする定額法によっております。

② 無形固定資産

定額法によっております。

なお，耐用年数については，法人税法に規定する方法と同一の基準によっております。

ただし，自社利用のソフトウェアについては，各社内における利用可能期間（主として5年）に基づく定額法によっております。

所有権移転外ファイナンス・リース取引に係るリース資産については，リース期間を耐用年数とし，残存価額を零とする定額法によっております。

(3)　繰延資産の処理方法

社債発行費は，支出時に全額費用処理しております。

(4)　重要な引当金の計上基準

①　貸倒引当金

債権の貸倒れによる損失に備えるため，一般債権については貸倒実績率により，貸倒懸念債権等特定の債権については個別に回収可能性を検討し，回収不能見込額を計上しております。

②　賞与引当金従業員賞与の支給に充てるため，支給見込額基準により計上しております。

③　新幹線鉄道大規模改修引当金

全国新幹線鉄道整備法（昭和45年法律第71号）第17条の規定に基づいて計上しております。

当社は，2016年3月29日付で，国土交通大臣より全国新幹線鉄道整備法第16条第1項の規定に基づく新幹線鉄道大規模改修引当金積立計画の承認を受けました。これにより，2016年度から2030年度の毎年度は24,000百万円（総額360,000百万円）の引当金の積立てを行い，2031年度から2040年度の毎年度は36,000百万円（総額360,000百万円）の引当金の取崩しを行います。

④　災害損失引当金

2019年9月9日に上陸した台風第15号および10月12日に上陸した台風第19号に伴う復旧費用等の支出に備えるため，その見積り額を計上しております。

また，2022年3月16日に発生した福島県沖の地震に伴う復旧費用等の支出に備えるため，その見積り額を計上しております。

さらに，2022年8月に発生した豪雨災害に伴う復旧費用等の支出に備えるため，その見積り額を計上しております。

(5) 退職給付に係る会計処理の方法

① 退職給付見込額の期間帰属方法

退職給付債務の算定にあたり，退職給付見込額を当連結会計年度末までの期間に帰属させる方法については，給付算定式基準によっております。

② 数理計算上の差異および過去勤務費用の費用処理方法

過去勤務費用は，その発生時の従業員の平均残存勤務期間以内の一定の年数（主として10年）による定額法により按分した額を費用処理しております。

数理計算上の差異は，各連結会計年度の発生時における従業員の平均残存勤務期間以内の一定の年数（主として10年）による定額法により按分した額をそれぞれ発生の翌連結会計年度から費用処理することとしております。

(6) 重要な収益及び費用の計上基準

当社グループは，運輸事業，流通・サービス事業，不動産・ホテル事業，その他の事業を行っております。これらの事業から生じる収益は，主として顧客との契約に従い計上しており，取引価格は顧客との契約による対価で算定しております。ただし，当社グループが代理人に該当する取引では，取引価格を，顧客から受け取る対価の額から実際に商品やサービスを提供する他の事業者に支払う額を控除した純額により算定しております。主たる代理人取引としては，流通・サービス事業における小売業の一部が該当します。

また，グループの共通ポイントとして「JRE POINT」を運営しており，鉄道や駅ビル等でのご利用に応じて付与したポイントを，当社グループが提供するサービス等にご利用することができるため，顧客に付与したポイント分は別個の履行義務として認識し，ポイント単価や失効率により見積った独立販売価格の比率に基づき各履行義務に配分しております。「JRE POINT」の履行義務は契約負債に計上し，ポイントのご利用に従い収益を認識しております。

収益計上に関するセグメント別の主な履行義務の内容，履行義務の充足時点は以下となります。

① 運輸事業

運輸事業では，主に鉄道による旅客運輸サービスを提供しており，定期乗車券により得られる収入を「定期収入」として，定期乗車券以外の普通乗車券，料金券等から得られる収入を「定期外収入」として計上しております。

定期収入は，顧客に対して，定期乗車券で定められた区間の旅客運輸サービスを有効期間内に渡り提供する履行義務を負っており，当該履行義務は，定期乗車券の有効期間の経過により充足されます。

定期外収入は，顧客に対して，乗車券や料金券等で定められた区間や列車による旅客運輸サービスを提供する履行義務を負っており，当該履行義務は，顧客への旅客運輸サービスの提供時点で充足されます。

② 流通・サービス事業

流通・サービス事業では，主に小売・飲食業を展開しております。顧客に対して商品を引き渡す履行義務や，サービスを提供する履行義務を負っており，当該履行義務は，商品の引渡時点，サービスの提供時点で充足されます。

③ 不動産・ホテル事業

不動産・ホテル事業では，当社グループが保有する不動産物件の賃貸事業，開発した不動産物件の販売事業，ホテル事業を展開しております。

不動産賃貸事業では，主にショッピングセンターの運営事業，オフィスビルの貸付業を行っており，これらの不動産賃貸による収益は，「リース取引に関する会計基準」に従い，賃貸借契約期間にわたって計上しております。不動産販売事業では，顧客に対して不動産物件を引き渡す履行義務を負っており，当該履行義務は，不動産物件の引渡時点で充足されます。

ホテル事業では，顧客に対して宿泊サービスを提供する履行義務を負っており，当該履行義務は，サービスの提供時点で充足されます。

④　その他

その他では，主にクレジットカード事業，電子マネー事業等のIT・Suica事業を展開しております。顧客に対してクレジットカードや電子マネーの決済サービスを提供する履行義務や，ICカード関連の機器等を引き渡す履行義務を負っており，当該履行義務は，サービスの提供時点，商品の引渡時点で充足されます。

(7)　重要なヘッジ会計の方法

①　ヘッジ会計の方法

繰延ヘッジ処理によっております。なお，振当処理の要件を満たしている通貨スワップおよび為替予約については振当処理によっております。また，特例処理の要件を満たしている金利スワップについては特例処理によっております。

②　ヘッジ手段とヘッジ対象

外貨建社債および外貨建債権に係る為替相場の変動リスクを回避する目的で，通貨スワップおよび為替予約を行っております。また，借入金利息に係る金利相場の変動リスクを回避する目的で，金利スワップを行っております。

③　ヘッジ方針

為替変動リスクについては，市場動向，契約金額，契約期間，契約特性等を勘案し，デリバティブ取引を行っております。また，金利変動リスクについては，市場動向，元本金額，契約期間を勘案してデリバティブ取引を行っております。

④　ヘッジ有効性評価の方法

ヘッジ手段とヘッジ対象の対応関係については，四半期毎に確認することにより，ヘッジの有効性を判定しております。

ただし，ヘッジ手段とヘッジ対象の重要な条件が同一またはほぼ一致している場合には，ヘッジ有効性の評価は行っておりません。なお，この場合も，ヘッジ手段とヘッジ対象の対応関係の継続については，四半期毎に確認しております。

(8)　連結キャッシュ・フロー計算書における資金の範囲

連結キャッシュ・フロー計算書における資金（現金及び現金同等物）には手許現金，随時引き出し可能な預金および容易に換金可能であり，かつ，価値の変動について僅少なリスクしか負わない取得日から３ヶ月以内に満期日の到来する短期投資を計上しております。

(9)　工事負担金等の圧縮記帳の会計処理

鉄道事業における連続立体交差の高架化工事等を行うにあたり，地方公共団体等より工事費の一部として工事負担金等を受けております。

これらの工事負担金等は，工事完成時に当該工事負担金等相当額を取得した固定資産の取得価額から直接減額して計上しております。

連結損益計算書においては，工事負担金等受入額を収用に伴う受入額も含めて「工事負担金等受入額」として特別利益に計上するとともに，固定資産の取得価額から直接減額した額を収用に伴う圧縮額も含めて「工事負担金等圧縮額」として特別損失に計上しております。

EDINET提出書類東日本旅客鉄道株式会社（E04147）有価証券報告書

なお，特別利益に計上した「工事負担金等受入額」のうち収用に伴う受入額を除いた額および特別損失に計上した「工事負担金等圧縮額」のうち収用に伴う圧縮額を除いた額は，次のとおりであります。

	前連結会計年度 （自　2021年４月１日 至　2022年３月31日）	当連結会計年度 （自　2022年４月１日 至　2023年３月31日）
特別利益に計上した「工事負担金等受入額」のうち収用に伴う受入額を除いた額	12,857百万円	33,890百万円
特別損失に計上した「工事負担金等圧縮額」のうち収用に伴う圧縮額を除いた額	12,706百万円	30,895百万円

（重要な会計上の見積り）

（繰延税金資産の回収可能性）

1　当連結会計年度の連結財務諸表に計上した金額

（単位：百万円）

	前連結会計年度 （2022年３月31日）	当連結会計年度 （2023年３月31日）
繰延税金資産	442,562	432,011

2　識別した項目に係る重要な会計上の見積りの内容に関する情報

繰延税金資産は，将来の連結会計年度における将来減算一時差異の解消および税務上の繰越欠損金と課税所得との相殺にかかる減額税金の見積り額について，将来の課税所得の見積り等に基づき回収可能性を判断し計上しております。

課税所得の見積りは，業績予測を基礎としており，業績予測にあたっての主要な仮定として，鉄道運輸収入は新型コロナウイルス感染症流行前の水準と比較し，2023年度内に90％を超える水準まで回復すると想定しております。

また，税務上の繰越欠損金と課税所得との相殺にかかる減額税金の見積り額については，2022年3月30日付で当社が国土交通大臣より事業適応計画（成長発展事業適応計画）の認定を受けたことにより，2020年度および2021年度に生じた欠損金については，2022年度から最長5事業年度の間，事業適応計画に従って行った投資額の範囲内で，控除上限を課税所得の50％から最大100％に引き上げる課税の特例措置の適用を考慮しております。

鉄道運輸収入の回復が想定通り進まず，課税所得の見積りの変更が必要となる場合，翌連結会計年度の繰延税金資産の回収可能性の判断に影響を与える可能性があります。

（固定資産の減損）

1　当連結会計年度の連結財務諸表に計上した金額

（単位：百万円）

	前連結会計年度 （2022年３月31日）	当連結会計年度 （2023年３月31日）
有形固定資産	7,177,855	7,214,561
無形固定資産	169,970	198,805

上記のうち、当社が保有する鉄道事業固定資産

（単位：百万円）

	前連結会計年度 （2022年３月31日）	当連結会計年度 （2023年３月31日）
鉄道事業固定資産	5,177,176	5,190,551
建設仮勘定	250,752	275,880

2　識別した項目に係る重要な会計上の見積りの内容に関する情報

当社の鉄道事業固定資産については，路線のネットワーク全体でキャッシュ・フローを生成していることから，全路線を1個の資産グループとしております。新型コロナウイルス感染症の影響により，当該資産を使用した営業活動から生ずる損益が継続してマイナスになったことから，鉄道事業固定資産について減損の兆候があると判断しました。

減損損失の認識においては，減損の兆候がある資産グループの将来キャッシュ・フローを見積り，割引前将来キャッシュ・フローの合計が当該資産グループの帳簿価額を下回るものについて，減損損失を認識します。このため，鉄道事業固定資産の将来キャッシュ・フローを見積りましたが，割引前将来キャッシュ・フローが鉄道事業固定資産の帳簿価額を上回ることから，減損損失を認識しておりません。

将来キャッシュ・フローの見積りについては，鉄道運輸収入が新型コロナウイルス感染症流行前の水準と比較し，2023年度内に90％を超える水準まで回復し，その水準が引き続き継続するものと想定した中長期の計画および一定期間経過後の鉄道事業固定資産の回収可能価額により算定しております。

鉄道運輸収入の回復が想定通り進まず，見積りの変更が必要となる場合や，鉄道事業固定資産の回収可能価額が大きく下落する場合，翌連結会計年度の連結財務諸表において減損損失を認識する可能性があります。

（会計方針の変更等）

（会計上の見積りの変更）

当社は，Suicaに係る入金（チャージ）残額と預り金（デポジット）を流動負債に計上しており，一定期間が経過した未使用の残額を収益計上しております。Suicaのサービス開始後相当期間が経過し，適切なデータが蓄積されたことで，未使用の残額に係る収益計上の時期をより合理的に見積ることが可能となったため，当該データを使用した見積り方法に変更しております。

この結果，従来の方法に比べ，当連結会計年度の営業収益が25,918百万円増加し，営業利益，経常利益および税金等調整前当期純利益が同額増加しております。

（未適用の会計基準等）

・「法人税，住民税及び事業税等に関する会計基準」（企業会計基準第27号　2022年10月28日）
・「包括利益の表示に関する会計基準」（企業会計基準第25号　2022年10月28日）
・「税効果会計に係る会計基準の適用指針」（企業会計基準適用指針第28号　2022年10月28日）

1　概要

その他の包括利益に対して課税される場合の法人税等の計上区分およびグループ法人税制が適用される場合の子会社株式等の売却に係る税効果の取扱いを定めるものであります。

2　適用予定日

2025年3月期の期首より適用予定であります。

3　当該会計基準等の適用による影響

影響額は，当連結財務諸表の作成時において評価中であります。

（表示方法の変更）

（連結損益計算書関係）

1　前連結会計年度において区分掲記しておりました「協力金収入」は，当連結会計年度における金額的重要性が乏しいため，営業外収益の「雑収入」に含めて表示しております。この表示方法の変更を反映させるため，前連結会計年度の連結損益計算書において，「協力金収入」に表示しておりました6,626百万円は，営業外収益の「雑収入」に組み替えております。

2　前連結会計年度において特別利益の「その他」に含めて表示しておりました「受取補償金」は，特別利益の総額の100分の10を超えたため，当連結会計年度より区分掲記しております。この表示方法の変更を反映させるため，前連結会計年度の連結損益計算書において，「その他」に含めて表示しておりました

---

point 財務諸表

この項目では，連結ではなく単体の貸借対照表と，損益計算書の内訳を確認することができる。連結＝単体＋子会社なので，会社によっては単体の業績を調べて連結全体の業績予想のヒントにする場合があるが，あまりその必要性がある企業は多くない。

4,944百万円は，特別利益の「受取補償金」に組み替えております。

3　前連結会計年度において区分掲記しておりました「災害損失引当金繰入額」は，当連結会計年度における金額的重要性が乏しいため，特別損失の「その他」に含めて表示しております。この表示方法の変更を反映させるため，前連結会計年度の連結損益計算書において，「災害損失引当金繰入額」に表示しておりました21,255百万円は，特別損失の「その他」に組み替えております。

(連結キャッシュ・フロー計算書関係)

1　前連結会計年度において営業活動によるキャッシュ・フローの「その他」に含めて表示しておりました「受取補償金」は，金額的重要性が増したため，当連結会計年度より区分掲記しております。この表示方法の変更を反映させるため，前連結会計年度の連結キャッシュ・フロー計算書において，「その他」に含めて表示しておりました4,944百万円は，営業活動によるキャッシュ・フローの「受取補償金」に組み替えております。

2　前連結会計年度において区分掲記しておりました「災害損失引当金繰入額」は，当連結会計年度における金額的重要性が乏しいため，営業活動によるキャッシュ・フローの「その他」に含めて表示しております。この表示方法の変更を反映させるため，前連結会計年度の連結キャッシュ・フロー計算書において，「災害損失引当金繰入額」に表示しておりました21,255百万円は，営業活動によるキャッシュ・フローの「その他」に組み替えております。

2 財務諸表等

(1) 【財務諸表】

① 【貸借対照表】

(単位：百万円)

	前事業年度 (2022年3月31日)	当事業年度 (2023年3月31日)
資産の部		
流動資産		
現金及び預金	137,461	172,099
未収運賃	259,337	349,086
未収金	94,175	112,852
関係会社短期貸付金	118,076	61,972
販売用不動産	※3 13,733	※3 25,723
貯蔵品	27,677	30,540
前払費用	8,088	7,906
その他の流動資産	13,049	17,608
貸倒引当金	△1,769	△85
流動資産合計	669,830	777,703
固定資産		
鉄道事業固定資産		
有形固定資産	11,894,696	12,048,459
減価償却累計額	△6,758,835	△6,899,374
有形固定資産（純額）	5,135,861	5,149,085
無形固定資産	41,315	41,465
計	※1, ※2, ※5 5,177,176	※1, ※2, ※5 5,190,551
関連事業固定資産		
有形固定資産	1,151,508	1,159,791
減価償却累計額	△256,902	△275,285
有形固定資産（純額）	894,605	884,506
無形固定資産	1,544	2,203
計	※1, ※3 896,149	※1, ※3 886,709
各事業関連固定資産		
有形固定資産	889,925	895,170
減価償却累計額	△570,340	△586,035
有形固定資産（純額）	319,585	309,134
無形固定資産	11,071	9,833
計	※1 330,656	※1 318,967
建設仮勘定		
鉄道事業	250,752	275,880
関連事業	51,267	88,227
各事業関連	11,587	11,868
計	313,607	375,976
投資その他の資産		
投資有価証券	186,584	179,850
関係会社株式	179,335	192,800
関係会社長期貸付金	179,701	219,009
長期前払費用	49,031	49,759
繰延税金資産	387,278	372,103
その他の投資等	12,546	13,105
貸倒引当金	△46,903	△49,156
投資その他の資産合計	947,574	977,472
固定資産合計	7,665,164	7,749,677
資産合計	8,334,994	8,527,381

（単位：百万円）

	前事業年度 (2022年３月31日)	当事業年度 (2023年３月31日)
負債の部		
流動負債		
短期借入金	60,000	－
関係会社短期借入金	188,730	211,581
1年内償還予定の社債	111,000	214,999
1年内返済予定の長期借入金	141,500	150,000
1年内に支払う鉄道施設購入長期未払金	※5　3,723	※5　3,971
リース債務	10,845	10,795
未払金	371,102	442,568
未払費用	30,859	33,922
未払消費税等	22,182	30,188
未払法人税等	2,768	4,737
預り連絡運賃	28,208	36,802
預り金	27,605	21,035
前受運賃	69,249	77,687
前受金	115,763	106,229
前受工事負担金	6,908	7,089
賞与引当金	37,168	41,936
災害損失引当金	22,441	12,348
環境対策引当金	3,118	8,681
一部線区移管引当金	128	－
ポイント引当金	11,498	16,087
資産除去債務	657	362
その他の流動負債	372,107	50,264
流動負債合計	1,637,567	1,481,289
固定負債		
社債	2,431,665	2,760,870
長期借入金	1,309,950	1,333,950
関係会社長期借入金	43,914	47,940
鉄道施設購入長期未払金	※5　314,749	※5　310,778
リース債務	21,676	20,061
長期前受工事負担金	76,892	69,029
新幹線鉄道大規模改修引当金	※6　144,000	※6　168,000
退職給付引当金	412,975	392,403
災害損失引当金	2,591	2,024
環境対策引当金	45,913	38,975
資産除去債務	7,976	7,738
その他の固定負債	12,936	13,917
固定負債合計	4,825,242	5,165,688
負債合計	6,462,810	6,646,978

（単位：百万円）

	前事業年度 (2022年３月31日)	当事業年度 (2023年３月31日)
純資産の部		
株主資本		
資本金	200,000	200,000
資本剰余金		
資本準備金	96,600	96,600
資本剰余金合計	96,600	96,600
利益剰余金		
利益準備金	22,173	22,173
その他利益剰余金		
特別償却準備金	1,541	1,881
新事業開拓事業者投資損失準備金	82	80
固定資産圧縮積立金	64,638	63,113
別途積立金	1,220,000	1,220,000
繰越利益剰余金	226,445	242,295
利益剰余金合計	1,534,881	1,549,544
自己株式	△3,426	△3,436
株主資本合計	1,828,055	1,842,708
評価・換算差額等		
その他有価証券評価差額金	41,665	35,182
繰延ヘッジ損益	2,464	2,512
評価・換算差額等合計	44,129	37,695
純資産合計	1,872,184	1,880,403
負債純資産合計	8,334,994	8,527,381

② 【損益計算書】

（単位：百万円）

	前事業年度 （自　2021年４月１日 至　2022年３月31日）	当事業年度 （自　2022年４月１日 至　2023年３月31日）
鉄道事業営業利益		
営業収益		
旅客運輸収入	1,113,245	1,431,767
鉄道線路使用料収入	6,243	5,663
運輸雑収	135,234	170,944
鉄道事業営業収益合計	1,254,724	1,608,376
営業費		
運送営業費	※1　919,721	※1　993,141
一般管理費	197,105	220,859
諸税	87,451	93,607
減価償却費	304,228	297,755
鉄道事業営業費合計	※2　1,508,507	※2　1,605,363
鉄道事業営業利益又は鉄道事業営業損失（△）	△253,783	3,012
関連事業営業利益		
営業収益		
不動産賃貸事業収入	86,780	85,898
不動産販売事業収入	68,031	54,092
雑収入	14,614	17,145
関連事業営業収益合計	169,426	157,136
営業費		
売上原価	9,348	11,748
販売費及び一般管理費	19,214	22,384
諸税	11,404	10,804
減価償却費	25,259	24,280
関連事業営業費合計	※2　65,226	※2　69,217
関連事業営業利益	104,199	87,919
全事業営業利益又は全事業営業損失（△）	△149,583	90,932
営業外収益		
受取利息	774	949
受取配当金	※3　27,455	※3　15,459
物品売却益	1,398	1,318
受取保険金及び配当金	6,036	5,074
雑収入	5,533	4,205
営業外収益合計	※3　41,198	※3　27,007
営業外費用		
支払利息	34,521	33,840
社債利息	28,633	30,943
社債発行費	2,937	2,549
物品売却損	159	197
雑支出	3,080	4,407
営業外費用合計	69,332	71,938
経常利益又は経常損失（△）	△177,718	46,001

（単位：百万円）

	前事業年度 （自　2021年４月１日 至　2022年３月31日）	当事業年度 （自　2022年４月１日 至　2023年３月31日）
特別利益		
固定資産売却益	※4　2,207	※4　2,705
工事負担金等受入額	※5　20,008	※5　40,728
受取補償金	※6　4,944	※6　27,595
その他	30,059	26,809
特別利益合計	57,219	97,839
特別損失		
固定資産売却損	※7　32	※7　159
工事負担金等圧縮額	※8　14,631	※8　35,451
減損損失	4,796	14,274
環境対策費	※9　5,505	※9　1,024
関係会社貸倒引当金繰入額	6,591	3,800
災害による損失	48	1,622
災害損失引当金繰入額	21,231	3,177
その他	20,386	13,142
特別損失合計	73,222	72,652
税引前当期純利益又は税引前当期純損失（△）	△193,720	71,188
法人税、住民税及び事業税	379	368
法人税等調整額	△94,940	18,396
法人税等合計	△94,560	18,764
当期純利益又は当期純損失（△）	△99,159	52,423

【営業費明細表】

		前事業年度 (自　2021年4月1日 至　2022年3月31日)			当事業年度 (自　2022年4月1日 至　2023年3月31日)		
区分	注記番号	金額(百万円)			金額(百万円)		
Ⅰ　鉄道事業営業費							
1　運送営業費	※1						
(1) 人件費		300,438			312,798		
(2) 経費		619,282			680,343		
計			919,721			993,141	
2　一般管理費	※2						
(1) 人件費		64,016			76,840		
(2) 経費		133,089			144,019		
計			197,105			220,859	
3　諸税			87,451			93,607	
4　減価償却費			304,228			297,755	
鉄道事業営業費合計				1,508,507			1,605,363
Ⅱ　関連事業営業費							
1　売上原価	※3		9,348			11,748	
2　販売費及び一般管理費	※4						
(1) 人件費		4,740			4,964		
(2) 経費		14,473			17,419		
計			19,214			22,384	
3　諸税			11,404			10,804	
4　減価償却費			25,259			24,280	
関連事業営業費合計				65,226			69,217
全事業営業費合計				1,573,734			1,674,580

(注)　事業別営業費合計の100分の5を超える費用等ならびに営業費(全事業)に含まれている引当金繰入額等は次のとおりであります。

（単位：百万円）

	前事業年度 （自　2021年４月１日 至　2022年３月31日）	当事業年度 （自　2022年４月１日 至　2023年３月31日）
※１　鉄道事業営業費　運送営業費		
修繕費	238,080	248,613
給与	208,590	212,609
業務委託費	129,169	137,137
動力費	61,414	91,398
機構借損料等	84,778	84,301
※２　鉄道事業営業費　一般管理費		
業務委託費	74,343	83,688
※３　関連事業営業費　売上原価		
不動産販売事業売上原価	8,045	10,501
※４　関連事業営業費　販売費及び一般管理費		
業務委託費	6,620	7,775
５　営業費（全事業）に含まれている引当金繰入額等		
賞与引当金繰入額	35,285	39,850
新幹線鉄道大規模改修引当金繰入額	24,000	24,000
退職給付費用	19,631	20,354

③ 【株主資本等変動計算書】

前事業年度（自2021年4月1日　至2022年3月31日）

（単位：百万円）

	株主資本		
	資本金	資本剰余金	
		資本準備金	資本剰余金合計
当期首残高	200,000	96,600	96,600
当期変動額			
特別償却準備金の積立			
特別償却準備金の取崩			
新事業開拓事業者投資損失準備金の積立			
新事業開拓事業者投資損失準備金の取崩			
固定資産圧縮積立金の積立			
固定資産圧縮積立金の取崩			
別途積立金の取崩			
剰余金の配当			
当期純損失（△）			
自己株式の取得			
自己株式の処分			
株主資本以外の項目の当期変動額（純額）			
当期変動額合計	－	－	－
当期末残高	200,000	96,600	96,600

	株主資本						
	利益剰余金						
	利益準備金	その他利益剰余金					利益剰余金合計
		特別償却準備金	新事業開拓事業者投資損失準備金	固定資産圧縮積立金	別途積立金	繰越利益剰余金	
当期首残高	22,173	1,560	82	64,796	1,720,000	△136,811	1,671,801
当期変動額							
特別償却準備金の積立		363				△363	－
特別償却準備金の取崩		△382				382	－
新事業開拓事業者投資損失準備金の積立			82			△82	－
新事業開拓事業者投資損失準備金の取崩			△82			82	－
固定資産圧縮積立金の積立				3,631		△3,631	－
固定資産圧縮積立金の取崩				△3,789		3,789	－
別途積立金の取崩					△500,000	500,000	－
剰余金の配当						△37,760	△37,760
当期純損失（△）						△99,159	△99,159
自己株式の取得							
自己株式の処分						△0	△0
株主資本以外の項目の当期変動額（純額）							
当期変動額合計	－	△19	－	△158	△500,000	363,257	△136,919
当期末残高	22,173	1,541	82	64,638	1,220,000	226,445	1,534,881

（単位：百万円）

	株主資本		評価・換算差額等			純資産合計
	自己株式	株主資本合計	その他有価証券評価差額金	繰延ヘッジ損益	評価・換算差額等合計	
当期首残高	△3,416	1,964,985	47,105	2,137	49,243	2,014,228
当期変動額						
特別償却準備金の積立		−				−
特別償却準備金の取崩		−				−
新事業開拓事業者投資損失準備金の積立		−				−
新事業開拓事業者投資損失準備金の取崩		−				−
固定資産圧縮積立金の積立		−				−
固定資産圧縮積立金の取崩		−				−
別途積立金の取崩		−				−
剰余金の配当		△37,760				△37,760
当期純損失（△）		△99,159				△99,159
自己株式の取得	△10	△10				△10
自己株式の処分	0	0				0
株主資本以外の項目の当期変動額（純額）			△5,440	326	△5,113	△5,113
当期変動額合計	△10	△136,929	△5,440	326	△5,113	△142,043
当期末残高	△3,426	1,828,055	41,665	2,464	44,129	1,872,184

当事業年度（自2022年4月1日　至2023年3月31日）

（単位：百万円）

	株主資本		
	資本金	資本剰余金	
		資本準備金	資本剰余金合計
当期首残高	200,000	96,600	96,600
当期変動額			
特別償却準備金の積立			
特別償却準備金の取崩			
新事業開拓事業者投資損失準備金の積立			
新事業開拓事業者投資損失準備金の取崩			
固定資産圧縮積立金の積立			
固定資産圧縮積立金の取崩			
別途積立金の取崩			
剰余金の配当			
当期純利益			
自己株式の取得			
自己株式の処分			
株主資本以外の項目の当期変動額（純額）			
当期変動額合計	－	－	－
当期末残高	200,000	96,600	96,600

	株主資本						
	利益剰余金						
	利益準備金	その他利益剰余金					利益剰余金合計
		特別償却準備金	新事業開拓事業者投資損失準備金	固定資産圧縮積立金	別途積立金	繰越利益剰余金	
当期首残高	22,173	1,541	82	64,638	1,220,000	226,445	1,534,881
当期変動額							
特別償却準備金の積立		788				△788	－
特別償却準備金の取崩		△447				447	－
新事業開拓事業者投資損失準備金の積立			80			△80	－
新事業開拓事業者投資損失準備金の取崩			△82			82	－
固定資産圧縮積立金の積立				1,586		△1,586	－
固定資産圧縮積立金の取崩				△3,111		3,111	－
別途積立金の取崩							
剰余金の配当						△37,759	△37,759
当期純利益						52,423	52,423
自己株式の取得							
自己株式の処分							
株主資本以外の項目の当期変動額（純額）							
当期変動額合計	－	340	△1	△1,525	－	15,850	14,663
当期末残高	22,173	1,881	80	63,113	1,220,000	242,295	1,549,544

（単位：百万円）

	株主資本		評価・換算差額等			純資産合計
	自己株式	株主資本合計	その他有価証券評価差額金	繰延ヘッジ損益	評価・換算差額等合計	
当期首残高	△3, 426	1, 828, 055	41, 665	2, 464	44, 129	1, 872, 184
当期変動額						
特別償却準備金の積立		–				–
特別償却準備金の取崩		–				–
新事業開拓事業者投資損失準備金の積立		–				–
新事業開拓事業者投資損失準備金の取崩		–				–
固定資産圧縮積立金の積立		–				–
固定資産圧縮積立金の取崩		–				–
別途積立金の取崩		–				–
剰余金の配当		△37, 759				△37, 759
当期純利益		52, 423				52, 423
自己株式の取得	△10	△10				△10
自己株式の処分		–				–
株主資本以外の項目の当期変動額（純額）			△6, 482	48	△6, 434	△6, 434
当期変動額合計	△10	14, 652	△6, 482	48	△6, 434	8, 218
当期末残高	△3, 436	1, 842, 708	35, 182	2, 512	37, 695	1, 880, 403

【注記事項】

（重要な会計方針）

1　有価証券の評価基準および評価方法 ……………………………………

(1)　満期保有目的の債券 ……………………………………………………

償却原価法（定額法）によっております。

(2)　子会社株式および関連会社株式 ……………………………………

移動平均法に基づく原価法によっております。

(3)　その他有価証券 ……………………………………………………

①　市場価格のない株式等以外のもの

時価法によっております（評価差額は全部純資産直入法により処理し，売却原価は移動平均法により算定）。

②　市場価格のない株式等

移動平均法に基づく原価法によっております。

③　組合出資金等（金融商品取引法（昭和23年法律第25号）第2条第2項により有価証券とみなされるもの）

組合契約に規定される決算報告日に応じて入手可能な最近の決算書を基礎とし，持分相当額を純額で取り込む方法によっております。

2　デリバティブの評価基準および評価方法 ………………………………

時価法によっております。

3　棚卸資産の評価基準および評価方法 …………………………………

販売用不動産	個別法に基づく原価法によっております（貸借対照表価額は収益性の低下に基づく簿価切下げの方法により算定）。
貯蔵品	移動平均法に基づく原価法によっております（貸借対照表価額は収益性の低下に基づく簿価切下げの方法により算定）。

4　固定資産の減価償却の方法

(1)　有形固定資産

定率法によっております。ただし，1998年4月1日以降取得した建物（建物附属設備を除く）ならびに2016年4月1日以降取得した建物附属設備および構築物については定額法によっております。なお，鉄道事業固定資産の構築物のうち取替資産については取替法によっております。

耐用年数および残存価額等については，法人税法に規定する方法と同一の基準によっております。

所有権移転外ファイナンス・リース取引に係るリース資産については，リース期間を耐用年数とし，残存価額を零とする定額法によっております。

(2)　無形固定資産

定額法によっております。

なお，耐用年数については，法人税法に規定する方法と同一の基準によっております。ただし，自社利用のソフトウェアについては，社内における利用可能期間（5年）に基づく定額法によっております。

所有権移転外ファイナンス・リース取引に係るリース資産については，リース期間を耐用年数とし，残存価額を零とする定額法によっております。

(3)　長期前払費用

均等償却によっております。

なお，償却期間については，法人税法に規定する方法と同一の基準によっております。

5　繰延資産の処理方法

社債発行費　支出時に全額費用処理しております。

6　引当金の計上基準

(1)　貸倒引当金

債権の貸倒れによる損失に備えるため，一般債権については貸倒実績率により，貸倒懸念債権等特定の債権については個別に回収可能性を検討し，回収不能見込額を計上しております。

(2)　賞与引当金

従業員賞与の支給に充てるため，支給見込額基準により計上しております。

(3)　新幹線鉄道大規模改修引当金

全国新幹線鉄道整備法（昭和45年法律第71号）第17条の規定に基づいて計上しております。当社は，2016年3月29日付で，国土交通大臣より全国新幹線鉄道整備法第16条第1項の規定に基づく新幹線鉄道大規模改修引当金積立計画の承認を受けました。これにより，2016年度から2030年度の毎年度は24,000百万円（総額360,000百万円）の引当金の積立てを行い，2031年度から2040年度の毎年度は36,000百万円（総額360,000百万円）の引当金の取崩しを行います。

(4)　退職給付引当金

従業員の退職給付に備えるため，当事業年度末における退職給付債務の見込額に基づいて，当事業年度末において発生していると認められる額を計上しております。

①　退職給付見込額の期間帰属方法

退職給付債務の算定にあたり，退職給付見込額を当事業年度末までの期間に帰属させる方法については，給付算定式基準によっております。

②　数理計算上の差異および過去勤務費用の費用処理方法

過去勤務費用は，その発生時の従業員の平均残存勤務期間以内の一定の年数（10年）による定額法により按分した額を費用処理しております。

数理計算上の差異は，各事業年度の発生時における従業員の平均残存勤務期間以内の一定の年数（10年）による定額法により按分した額をそれぞれ発生の翌事業年度から費用処理することとしております。

(5) 災害損失引当金

2019年9月9日に上陸した台風第15号および10月12日に上陸した台風第19号に伴う復旧費用等の支出に備えるため，その見積り額を計上しております。

また，2022年3月16日に発生した福島県沖の地震に伴う復旧費用等の支出に備えるため，その見積り額を計上しております。

さらに，2022年8月に発生した豪雨災害に伴う復旧費用等の支出に備えるため，その見積り額を計上しております。

(6) 環境対策引当金

土壌汚染対策法に基づき，汚染された土壌の処理費用の支出に備えるため，その見積り額を計上しております。なお，現時点で合理的に見積ることが困難な処理費用等については，環境対策引当金に含めておりません。また，文化財保護法に基づき，埋蔵文化財の記録保存調査等の費用の支出に備えるため，その見積り額を計上しております。

さらに，「ポリ塩化ビフェニル廃棄物の適正な処理の推進に関する特別措置法」に基づき，保管する低濃度PCB廃棄物の処理費用の支出に備えるため，その見積り額を計上しております。なお，高濃度PCB廃棄物の処理費用については未払金に計上しております。

(7) ポイント引当金

「JRE POINT」の利用に備えるため，当事業年度末において将来利用されると見込まれる額を計上しております。なお，鉄道や駅ビル等でのご利用に応じて付与したポイントは別個の履行義務として認識し，その他の流動負債に計上しております。

7　収益及び費用の計上基準

当社は，鉄道事業，関連事業を行っております。これらの事業から生じる収益は，主として顧客との契約に従い計上しており，取引価格は顧客との契約による対価で算定しております。

収益計上に関する事業別の主な履行義務の内容，履行義務の充足時点は以下となります。

(1)　鉄道事業

鉄道事業では，主に鉄道による旅客運輸サービスを提供しており，定期乗車券により得られる収入を「定期収入」として，定期乗車券以外の普通乗車券，料金券等から得られる収入を「定期外収入」として計上しております。

定期収入は，顧客に対して，定期乗車券で定められた区間の旅客運輸サービスを有効期間内に渡り提供する履行義務を負っており，当該履行義務は，定期乗車券の有効期間の経過により充足されます。

定期外収入は，顧客に対して，乗車券や料金券等で定められた区間や列車による旅客運輸サービスを提供する履行義務を負っており，当該履行義務は，顧客への旅客運輸サービスの提供時点で充足されます。

(2)　関連事業

関連事業では，主に当社が保有する不動産物件の賃貸事業，開発した不動産物件の販売事業を展開しております。

不動産賃貸事業では，主にオフィスビル・商業施設等の貸付業を行っており，これらの不動産賃貸による収益は，「リース取引に関する会計基準」に従い，賃貸借契約期間にわたって計上しております。

不動産販売事業では，顧客に対して不動産物件を引き渡す履行義務を負っており，当該履行義務は，不動産物件の引渡時点で充足されます。

8　ヘッジ会計の方法

(1)　ヘッジ会計の方法

繰延ヘッジ処理によっております。なお，振当処理の要件を満たしている通貨スワップおよび為替予約については振当処理によっております。また，特例処理の要件を満たしている金利スワップについては特例処理によっております。

(2) ヘッジ手段とヘッジ対象

外貨建社債等に係る為替相場の変動リスクを回避する目的で，通貨スワップおよび為替予約を行っております。また，借入金利息に係る金利相場の変動リスクを回避する目的で，金利スワップを行っております。

(3) ヘッジ方針

為替変動リスクについては，市場動向，契約金額，契約期間，契約特性等を勘案し，デリバティブ取引を行っております。また，金利変動リスクについては，市場動向，元本金額，契約期間を勘案してデリバティブ取引を行っております。

(4) ヘッジ有効性評価の方法

ヘッジ手段とヘッジ対象の対応関係については，四半期毎に確認することにより，ヘッジの有効性を判定しております。

ただし，ヘッジ手段とヘッジ対象の重要な条件が同一またはほぼ一致している場合には，ヘッジ有効性の評価は行っておりません。なお，この場合も，ヘッジ手段とヘッジ対象の対応関係の継続については，四半期毎に確認しております。

9 退職給付に係る会計処理

退職給付に係る未認識数理計算上の差異，未認識過去勤務費用の会計処理の方法は，連結財務諸表におけるこれらの会計処理の方法と異なっております。

10 工事負担金等の圧縮記帳の会計処理

鉄道事業における連続立体交差の高架化工事等を行うにあたり，地方公共団体等より工事費の一部として工事負担金等を受けております。

これらの工事負担金等は，工事完成時に当該工事負担金等相当額を取得した固定資産の取得価額から直接減額して計上しております。

損益計算書においては，工事負担金等受入額を収用に伴う受入額も含めて「工事負担金等受入額」として特別利益に計上するとともに，固定資産の取得価額から直接減額した額を収用に伴う圧縮額も含めて「工事負担金等圧縮額」として特別損失に計上しております。

なお，特別利益に計上した「工事負担金等受入額」のうち収用に伴う受入額を除いた額および特別損失に計上した「工事負担金等圧縮額」のうち収用に伴う圧縮額を除いた額は，次のとおりであります。

	前事業年度 (自　2021年４月１日 至　2022年３月31日)	当事業年度 (自　2022年４月１日 至　2023年３月31日)
特別利益に計上した「工事負担金等受入額」のうち収用に伴う受入額を除いた額	12,857百万円	33,890百万円
特別損失に計上した「工事負担金等圧縮額」のうち収用に伴う圧縮額を除いた額	12,706百万円	30,895百万円

(重要な会計上の見積り)

(繰延税金資産の回収可能性)

1　当事業年度の財務諸表に計上した金額

(単位：百万円)

	前事業年度 (2022年３月31日)	当事業年度 (2023年３月31日)
繰延税金資産	387,278	372,103

2　識別した項目に係る重要な会計上の見積りの内容に関する情報

連結財務諸表「注記事項(重要な会計上の見積り)」に同一の内容を記載しているため，記載を省略しております。

(固定資産の減損)

1　当事業年度の財務諸表に計上した金額

(単位：百万円)

	前事業年度 (2022年３月31日)	当事業年度 (2023年３月31日)
鉄道事業固定資産	5,177,176	5,190,551
建設仮勘定	250,752	275,880

2　識別した項目に係る重要な会計上の見積りの内容に関する情報

連結財務諸表「注記事項（重要な会計上の見積り）」に同一の内容を記載しているため，記載を省略しております。

（会計方針の変更等）

（会計上の見積りの変更）

当社は，Suicaに係る入金（チャージ）残額と預り金（デポジット）を流動負債に計上しており，一定期間が経過した未使用の残額を収益計上しております。Suicaのサービス開始後相当期間が経過し，適切なデータが蓄積されたことで，未使用の残額に係る収益計上の時期をより合理的に見積ることが可能となったため，当該データを使用した見積り方法に変更しております。

この結果，従来の方法に比べ，当事業年度の営業収益が25,918百万円増加し，営業利益，経常利益および税引前当期純利益が同額増加しております。

（表示方法の変更）

（損益計算書関係）

1　前事業年度において区分掲記しておりました「投資有価証券売却益」は，当事業年度における金額的重要性が乏しいため，特別利益の「その他」に含めて表示しております。この表示方法の変更を反映させるため，前事業年度の損益計算書において，「投資有価証券売却益」に表示しておりました20,169百万円は，特別利益の「その他」に組み替えております。

2　前事業年度において区分掲記しておりました「災害に伴う受取保険金」は，当事業年度における金額的重要性が乏しいため，特別利益の「その他」に含めて表示しております。この表示方法の変更を反映させるため，前事業年度の損益計算書において，「災害に伴う受取保険金」に表示しておりました6,000百万円は，特別利益の「その他」に組み替えております。

3　前事業年度において特別利益の「その他」に含めて表示しておりました「受取補償金」は，特別利益の総額の100分の10を超えたため，当事業年度より区分掲記しております。この表示方法の変更を反映させるため，前事業年度の損益計算書において，「その他」に含めて表示しておりました4,944百万円は，特別利益の「受取補償金」に組み替えております。

4　前事業年度において区分掲記しておりました「関係会社株式評価損」は，当事業年度における金額的重要性が乏しいため，特別損失の「その他」に含めて表示しております。この表示方法の変更を反映させるため，前事業年度の損益計算書において，「関係会社株式評価損」に表示しておりました13,657百万円は，特別損失の「その他」に組み替えております。

第2章

運輸業界の“今”を知ろう

企業の募集情報は手に入れた。しかし，それだけではまだ不十分。企業単位ではなく，業界全体を俯瞰する視点は，面接などでもよく問われる重要ポイントだ。この章では直近1年間の運輸業界を象徴する重大ニュースをまとめるとともに，今後の展望について言及している。また，章末には運輸業界における有名企業（一部抜粋）のリストも記載してあるので，今後の就職活動の参考にしてほしい。

▶▶はこぶ。みんなの夢のせて

運輸 業界の動向

運輸とは，ヒトやモノを運ぶことに関する業種である。運ぶ手段には，鉄道・飛行機・船・自動車などがあり，ヒトを運ぶ業種は「旅客」，モノを運ぶ業種は「貨物」と分類される。

❖ 鉄道（JR）の業界動向

1987年に旧国鉄が民営化され，北海道，東日本，東海，西日本，四国，九州，貨物のJR各社が発足して30年以上が経過した。JRでは，中長距離の輸送が主軸のひとつとなっており，それを支えているのが「新幹線」である。運輸収入において，新幹線が主体のJR東海で依存度が高いのはもちろんだが，JR西日本では新幹線収入が在来線を上回り，JR九州においてもその割合は3分の1を超え，経営の安定に大きく寄与している。2016年に開業した北海道新幹線は，2030年度には新函館北斗～札幌まで延びる予定で，JR北海道の増収が期待される。北陸新幹線もJR西日本によって2023年度末に金沢－敦賀間の開業が予定されている。また新たに2022年9月に西九州新幹線が開通。現在は長崎駅から武雄温泉駅が結ばれている。

また，JR東海による最高時速500kmの“次世代特急”リニア中央新幹線の建設も始まっている。2045年に大阪までの全面開業を予定しており，JR東海は新幹線との2本柱経営を目指している。

●観光列車の導入が活発化

JR九州が2013年10月に運行を開始した豪華寝台特急列車「ななつ星in九州」以降，JR各社での観光列車の運行が増えている。2017年5月にはJR東日本が「トランスイート四季島」の運行を開始。同年6月にもJR西日本で「トワイライトエクスプレス瑞風」の運行が始まり，豪華寝台列車ブームは，シニア層や海外の富裕層など新たな顧客を獲得している。

また，豪華寝台列車以外にも，「リゾートしらかみ」（JR東日本），「花嫁のれん」(JR西日本),「四国まんなか千年ものがたり」(JR四国),「ゆふいんの森」,「或る列車」(JR九州)といったユニークな観光列車がJR各社で運行されている。車両デザインの注目度はもちろん，地域のPR効果も高く，地域活性化にも大きく寄与している。

●各社，非鉄道事業の拡大を目指す

少子高齢化や新型コロナ禍を受けて，各社とも駅を中心とした不動産や流通サービスなどの非鉄道事業拡大に力を入れている。首都圏という大きな市場を地盤とするJR東日本では，多数のオフィスビルやルミネ系の商業施設を運営する不動産事業も積極的に展開。高輪ゲートウェイ駅周辺の巨大プロジェクトに注目が集まっている。

JR西日本は，近畿圏の成長の頭打ちを見越して，不動産賃貸，ホテル，流通などの事業拡充に動き出している。非鉄道事業の売上が約6割を占めるJR九州も，駅ビル，マンション分譲，ホテル経営などを展開し，外食事業は広くエリア外へも展開している。JR四国は，不動産などの成長機会が乏しいなか，宿泊特化型ホテルの開業，マンション分譲，駅を中心とした高齢者向けサービスの提供などに取り組んでいる。

本業の鉄道の方では，料金改定の動きが目立った。JR西日本は運賃を10～40円引き上げ，JR東海などは新幹線の指定特急料金に「再繁忙期」を設け，閑散期と600円の差をつけた。また，首都圏の通勤向けではJR東日本がピーク時間帯以外に利用を限定した割安な「オフピーク定期券」をスタートさせた。

❖鉄道（民鉄）の業界動向

日本民営鉄道協会（民鉄協）の発表では，2021年度の大手私鉄16社の輸送人員は87億4800万と，前年度比で11%増加した。新型コロナ禍前の19年度比では83%の水準となっている。新型コロナ禍がひと段落し，旅客需要は新幹線を中心に回復が進む一方で，テレワークの普及により通勤利用の完全回復は困難と見なされている。

この10年あまりで，鉄道各社の相互乗り入は飛躍的に進んだ。2013年3月には，東急，東京メトロ，西武，東武，横浜高速鉄道の5社7線が直通運転を開始した。また，2016年3月には，東京メトロを介してJR東日本常

磐線と小田急との相互乗り入れが開始された。これにより，乗車時間の短縮や乗り換えの解消など，利便性が向上しただけでなく，乗降駅の活性化や新たなネットワークの誕生にもつながっている。また，2019年11月にはJR東日本と相鉄ホールディングスの相互直通が実現した。乗り入れで13路線が使えるようになり，タワーマンションの建設ラッシュで注目を集めた武蔵小杉や，西武鉄道が販売している食事とお土産券がついた「西武横濱中華街グルメきっぷ」などが，その好例である。

●インバウンド需要が回復傾向に

2016年は約2870万人，2017年は約3119万人，そして2019年は3188万人と年々増加していた訪日外客数。このインバウンド（外国人観光客）需要に対応するため，鉄道各社ではホームの拡張工事，転落防止ためのホームドアの設置など，ハード面の改良を進めていた。またその一方で，2014年，東京の地下鉄143駅に無料Wi-Fiが設置されたほか，東京メトロでは乗換検索アプリ「Tokyo Subway Navigation for Tourists」を配信。西武では，ビデオ通話を活用した外国人スタッフによる通訳サービスの拡充。京浜急行では，羽田空港国際線駅で外貨をPASMOやSUICAといった交通系電子マネーに交換するサービスを開始するなど，ソフト面での新たな取り組みも始まっていた。これらは2020年夏開催の東京オリンピックで大いに効果を発揮する予定だったが，残念ながらその機会は訪れなかった。

しかし，新型コロナ禍からすでに数年が経ち，インバウンド需要は復調。2023年の訪日外客数は2500万人近くになると見込まれ，コロナ前の水準に戻りつつあることは明るい知らせだ。

●ホテル，マンション，小売業など非鉄道事業の拡充

鉄道会社の中でもとくに私鉄大手は，JR各社に比べ，非鉄道部門の売上げの比率が高く，マンション分譲や沿線の宅地開発などの不動産業，ホテルや遊園地などのレジャー業，百貨店や沿線のスーパーといった小売業など，非鉄道事業の部門を多角的に経営することで成長してきており，この傾向は今後も続いていく。

❖ 空輸の業界動向

空輸会社は，幅広い路線網と充実した機内サービスを行うフルサービスキャリア（FSC）と，運賃を抑えた格安航空会社ローコストキャリア（LCC）に分かれる。日本では，FSCの日本航空（JAL）と全日本空輸（ANA）の大手2社が業界を主導してきたが，近年，国内外で多くのLCCがめざましい成長を遂げ，大手FSCを追い立てる状況となっている。

格安航空会社のLCCは，機体の種類を絞ったり，短・中距離を中心に機体の使用頻度を上げて運行したり，機内サービスを有料にするなど，徹底したコスト削減によって低価格を実現し，躍進を続けている。日本初のLCCは，2012年2月にANAの出資で設立，3月より就航したピーチ・アビエーションである。同年には，JALと豪のカンタスグループ，三菱商事が共同出資したジェットスター・ジャパン，ANAとマレーシアのエアアジアが共同出資したエアアジア・ジャパンと，続けて3社のLCCが誕生した。しかしその後，エアアジア・ジャパンは2020年に経営破綻した。また，2016年5月には，バニラ・エア（2019年3月脱退）を含むアジア8社（現在，5社）が，世界初の広域のLCC連合「バリューアライアンス」を発足させ，ネットワークとマーケットの拡充を目指している。

●新型コロナウイルスによる大打撃から回復

ウイルスの感染拡大を防ぐために世界各国の間で渡航が制限され，国際線は壊滅的な打撃を受けてから数年。旅客需要は回復傾向を見せている。国際航空運送協会（IATA）によると，2023年の旅客需要はコロナ禍前の96%まで回復すると予想されている。先行して回復していた欧米に続き，アジア太平洋地域改善されたことが大きい。日本の2強，ANAホールディングスと日本航空も，2022年度に19年度以来の営業黒字転換を果たした。いずれもインバウンド客の副長が大きかったことに加え，貨物輸送の下支えが大きかったとみられる。

JALは2010年の経営破綻後，国内外の不採算路線の廃止，大規模なリストラ，子会社の売却などで経営を立て直し，2012年には再上場を果たした。LCCについては，2011年に，豪カンタス航空グループとジェットスター・ジャパンを設立していたが，2018年7月に，中長距離LCCの準備会社ティー・ビー・エルを設立し，中型機による飛行時間8時間以上の路線へ参入を予定している。JALの経営破綻後，旅客数や収入でJALを逆転し，日本の航空会社のトップとなったANAも，2017年4月には，LCCのピーチ・アビエーションを完全子会社化。LCCの主力市場アジアでの競争力強化のため，2018年，傘下のLCCであるピーチ・アビエーションとバニラ・エアの統合を発表し，従来の短距離だけでなく，中型機による飛行時間6～8時間の中距離路線に参入した。

旅客が戻ってくる一方で，各社は深刻な人手不足問題を抱えている。グラウンドハンドリングスタッフは，コロナ前と比べて1～2割減少している。安全航空のためにも，早急な対応が求められている。

ニュースで見る

運輸業界

直近の業界各社の関連ニュースを
ななめ読みしておこう。

置き配や鉄道輸送、運転手14万人不足補う　政府対策

政府は6日、トラック運転手の不足が懸念される「2024年問題」に備え、緊急対策をまとめた。荷主や消費者の意識改革など、一連の施策により24年度に見込まれる14万人の運転手不足を解消できるとみる。トラック事業者は中小企業が多く、対策が浸透するかは課題も多い。

政府は6日に関係閣僚会議を開き「物流革新緊急パッケージ」を決めた。①物流の効率化②荷主・消費者の行動変容③商慣行の見直し――を3本柱に据えた。10月中にまとめる経済対策にも反映し財政面で支援する。

長時間労働を解消するため、24年4月からトラック運転手の時間外労働は年960時間の上限が設けられる。人手不足が続く物流業界はこの措置により運転手14万人分に相当する輸送量が足りなくなるとみられている。

政府の試算によると①荷待ち・荷物の積み下ろし時間の削減で4万5000人分②荷物の積載率向上で6万3000人分③モーダルシフトで5000人分④再配達削減で3万人分――を補塡できる。合計14万3000人分になるという。

輸送手段をトラックからフェリーなどに切り替える「モーダルシフト」では、鉄道や船舶の輸送量を今後10年で倍増させる目標を掲げた。船舶は20年度時点の5000万トンから1億トンに、鉄道の貨物輸送は3600万トンに引き上げる。

これに対し日本物流団体連合会の真貝康一会長（JR貨物会長）は6日に「実現には要員や設備の確保など様々な課題がある」とのコメントを出した。「目標の実現には官民一体となって取り組んでいく必要があると考えている」と指摘した。

対策では物流業者に依頼する荷主の責任も明確にする。物流負担の軽減に向けた中長期計画の策定や、進捗管理に責任を持つ「物流経営責任者」の選任を義務付ける。24年の通常国会での法制化を目指す。

味の素は物流担当部長が新たに必要な物流経営責任者を兼務する方針だ。既に500キロメートル超の長距離輸送では9割を船舶や鉄道にしている。運転手不

足などを受けて15年時点の74％から切り替えを進めてきた。
ただ、日本の物流業界はトラック事業者の99％を中小企業が占める。政府の対策が想定通りの効果をうむかは見通せない部分がある。
対策には運転手らの代わりに荷物の積み下ろしができる自動フォークリフトや、無人で物流施設内を走行できる無人搬送車（AGV）の導入促進を盛り込んだ。
こうした取り組みはまだ一部にとどまり、共同配送のシステムづくりなどで国交省や業界団体の支援が欠かせない。
政府は対策に配送時の「置き配」やコンビニ受け取りなどを指定した消費者にポイント還元する仕組みが普及するようにシステム導入の実証実験を進めると記した。

（2022年11月3日　日本経済新聞）

鉄道大手、今期営業益29％増　旅客回復も定期は戻らず

鉄道大手17社の2024年3月期の連結業績見通しが15日出そろった。本業のもうけを示す営業利益は、17社合計で前期比29％増の1兆3155億円を見込む。新型コロナウイルスの感染症法上の分類が「5類」に移行したことや訪日客の増加に伴い、鉄道やホテルの利用が伸びる。動力費などのコスト増が重荷となり、利益水準はコロナ前の5～6割台にとどまる会社が多い。通勤定期も伸び悩んでおり、本格回復はなお道半ばだ。
JR東日本や東急など24年3月期通期の収入計画を開示している主要12社合計の運輸収入は、15％増の2兆6279億円を見込む。前期はコロナ前の19年3月期比で8割弱の水準だったが、今期は9割まで回復する。15日に決算発表した阪急阪神ホールディングス（HD）は、阪急電鉄と阪神電気鉄道を合計した24年3月期の運輸収入を12％増の1285億円と計画する。
けん引役となるのが、定期外収入の増加だ。コロナの5類移行などを背景に、新幹線などの定期外利用が伸びる。JR東の渡利千春常務は「（前期末から）訪日客を含めて鉄道利用が急回復している」と説明。同社は23年12月時点で新幹線がコロナ前の約9割、在来線はコロナ前と同水準まで戻るとみる。
足元の訪日需要の高まりを受け、私鉄各社ではホテル事業の回復も利益を押し上げる。西武HDは国内ホテルの客室稼働率が16ポイント上昇し、69％になると想定する。1室あたりの収益力を示すRevPAR（ホテルの売上高を販売可能な部屋数で割った数値）は49％増の1万3079円と、1万2000円前後だっ

たコロナ前を上回る額だ。

今後も鉄道やホテル部門の業績回復は当面続くとみられる。阪急阪神が15日発表した24年3月期の部門別利益見通しでは、鉄道など都市交通事業が前期比40%増の313億円になる。旅客需要の回復に伴い、ホテルを含む不動産事業も399億円と同43%伸びる。

ただ、17社平均の営業利益は依然としてコロナ前の6割水準にとどまる。

厳しいのが定期券の回復の遅れだ。12社合計で今期の定期外収入はコロナ前比96%まで戻るのに対し、定期収入は同83%の水準。テレワークなど出社を前提としない働き方が定着し、「コロナ禍が落ち着く今後も大きく回復するとは見込めない」(京王電鉄)。JR東海の今期営業利益(4300億円)もコロナ前比6割にとどまる。修繕費の増加に加え、東海道新幹線の出張利用がコロナ前に戻らない。

電気代などの動力費の高騰も重荷となっている。JR東の前期の動力費は前の期比49%増の913億円と、コロナ前に比べて4割ほど多い。今期も1090億円に膨らむ見通しだ。JPモルガン証券の姫野良太シニアアナリストは「コロナ禍で各社が先送りにしてきた修繕費も今後かさんでくる」と指摘する。

鉄道各社は今春に初乗り運賃を10円程度引き上げ、収益ベースでは50億~230億円前後の増収効果を見込む。ただ、値上げによる増収分はホームドアなど駅構内のバリアフリー投資に使途が絞られる制度を利用している会社が多く、利益改善に寄与しにくい。

利益水準の底上げが難しい中、JR東は朝のラッシュ時以外が割引運賃になる「オフピーク定期券」を3月に発売した。朝の混雑緩和を促すことができれば、車両数や運行人員の縮小などコスト削減につながるとみており、JR西日本も導入を検討している。

世界航空42社の売上高、半数コロナ前超え　22年12月期

航空業界の事業環境が改善してきた。世界42社の2022年12月期決算を見ると、半数にあたる21社で売上高が新型コロナウイルス禍前の19年12月期を超えた。米国や中南米を中心に航空需要が回復し、人手不足などによる座席の需給逼迫もあって運賃が上昇している。一方で燃料費や人件費などのコストはかさみ、本業の損益が改善したのは13社にとどまった。

QUICK・ファクトセットで12月期決算の42社の売上高とEBIT(利払い・

税引き前損益）を集計・分析した。19年比で増収となった21社のうち、11社は米国の航空会社だ。デルタ航空、アメリカン航空、ユナイテッド航空の米大手3社は軒並み売上高を伸ばし、3社の合計では19年比6%増の1445億ドル（約19兆円）だった。
人手不足による欠航などが旅客数にマイナス影響となった。輸送量の指標で、旅客を運んだ距離の総和を示す「有償旅客マイル（RPM、便ごとの旅客数×飛行距離の総計）」は3社とも19年の水準を下回ったが、運賃の引き上げで補った。1人による1マイルの移動あたりの売上高を示す単価の指標「イールド」はデルタが16%、ユナイテッドは17%上昇した。
デルタは23年も前年比15～20%の増収を見込む。エド・バスティアン最高経営責任者（CEO）は「供給面の制約が続く一方で旅客が戻り需要は強い状態が続いている」と話す。国内線の市場規模が大きい米国では需要の回復が早かった上に、大幅な欠航などで航空券が手に入りにくくなっていることも運賃の値上げを後押ししている。
米国以外では中南米や中東の回復ぶりが目立つ。コパ・ホールディングス（パナマ）やターキッシュ・エアラインズ（トルコ）が、19年比で増収となった。
原油高やインフレでコストがかさみ、採算性はコロナ前から悪化している。増収の21社のうちEBITが改善したのは、コロナ下でも人員を維持して供給力を保つ戦略が奏功したターキッシュや、貨物事業を大幅に伸ばした大韓航空など6社にとどまる。米大手3社は軒並み営業減益だ。
19年比で減収となった航空会社は欧州や東南アジア勢で多い。欧州やアジア各国には米国のような巨大な国内線市場がない上に、中国の「ゼロコロナ」政策などの影響も大きかったためだ。
国際航空運送協会（IATA）によると、22年の有償旅客キロは北米の航空会社が19年比11%減だった一方、欧州は同22%減、アジア太平洋は56%減と落ち込みが大きい。個別企業では英ブリティッシュ・エアウェイズなどを傘下に抱えるインターナショナル・エアラインズ・グループ（IAG）や独ルフトハンザ、キャピタルA（旧エアアジア・グループ）などが減収となり、いずれもEBITも悪化した。
3月期決算の日本の航空大手は売上高、利益ともコロナ前には至っていない。ANAホールディングス（HD）は23年1～2月の国際線の旅客数（ANAブランド）がコロナ前の5割前後にとどまる。航空機の削減などコストの抑制を進めてきたが、客数減をカバーできる利益体質への転換は道半ばだ。
仏蘭エールフランスKLMなどは減収下でもリストラで損益を改善させた。エールフランスKLMは人員削減で人件費を1割減らすなどして営業黒字を確保した。ベンジャミン・スミスCEOは「強いコスト規律と構造改革の成果などが寄与した」と話す。
IATAのウィリー・ウォルシュ事務総長は「23年末までにほとんどの地域の航空需要はコロナ前と同じかそれ以上の水準になるだろう」と見ている。リストラは収益底上げに一定の効果があるが、需要が本格的に回復すれば人手不足が足かせになりかねない。需要回復に対し、供給体制の整備や運賃の引き上げをどのように進めるかが問われる局面だ。

（2023年3月31日　日本経済新聞）

首都圏鉄道7社、運賃一斉値上げ　初乗り10円程度

鉄道各社が相次ぎ運賃を引き上げる。18日にJR東日本や東京地下鉄（東京メトロ）など首都圏の大手7社が、初乗り運賃を10円程度値上げする。4月にはJR西日本なども実施し、年内に大手約20社が値上げする。各社とも新型コロナウイルス前の水準まで旅客需要が戻らぬ中、ホームドア整備などへの投資がかさんでいる。
18日に運賃を値上げする大手はJR東日本や東京メトロ、小田急電鉄、西武鉄道、東武鉄道、相模鉄道、東急電鉄の7社。JR東日本は山手線など首都圏の一部区間の運賃を、一律10円引き上げる。山手線内の通勤定期券（初乗り区間）は1カ月分で330円、3カ月分が940円、6カ月分は1680円の値上げとなる。通学定期は現行運賃を据え置く。
東京メトロや小田急、西武なども一律10円値上げする。東武の通学を除く定期券は1カ月分で600円、3カ月分で1710円、6カ月分では3240円をそれぞれ引き上げる。このほか東急は平均12.9％値上げする。東横線などの初乗り運賃はきっぷの場合は130円から140円に、交通系ICカードは126円から140円になる。
4月には関西の鉄道各社が値上げする。JR西日本は在来線運賃のほか、新幹線などの料金を引き上げる。近畿圏の在来線は運賃を10円値上げするほか、私鉄に対抗して安く設定している主要区間も10～40円高くする。運賃とは別に、山陽新幹線では停車駅の少ない「みずほ」や「のぞみ」の指定席特急料金を最大420円高くする。
近畿日本鉄道は収益改善や安全投資などに向けた資金を捻出するため、全区間

の運賃を引き上げる。改定幅は平均17%に及び、初乗り運賃は20円増の180円となる。南海電気鉄道も10月に平均10%の運賃値上げを予定している。
鉄道各社の値上げが相次ぐ背景は大きく2つある。1つはホームドアなどバリアフリー投資への対応だ。国土交通省などが「鉄道駅バリアフリー料金制度」を創設したことで、運賃に一定料金を上乗せし投資を賄えるようになった。通常の運賃改定は国の認可が必要だが、同制度は事前の届け出だけですむ。
18日に値上げする大手7社のうち6社が同制度を使う。JR東は2021年度末に92駅で導入したホームドアを、31年度末までに330駅へと増やす。バリアフリー整備費は35年度までに5900億円を想定。今回の値上げで年230億円を徴収し、全体の約5割をまかなう計画だ。東京メトロも25年度までに全線でホームドアを整備する。
値上げのもう一つの理由が旅客需要の減少だ。東急の鉄道運賃収入は22年4～12月期で898億円と、コロナ前の19年同期の約8割にとどまる。特に定期収入は355億円と約7割で戻りは鈍い。沿線に「テレワークしやすいIT（情報技術）企業が多い」（東急）ことが響いているとみる。近鉄や南海も足元の鉄道収入はコロナ前の約8割の水準が続く。
需要減は鉄道会社にとって共通の経営課題だ。JR東の鉄道営業収入はコロナ前の約2割減で推移し、深沢祐二社長は「通勤やビジネス出張の需要は今後も元の水準には戻らない」と語る。JR西も在宅勤務の定着などで、鉄道需要はコロナ前の9割までしか戻らないと想定する。

（2023年3月17日　日本経済新聞）

ANA純利益600億円に上振れ 23年3月期、JALは下方修正

ANAホールディングス（HD）は2日、2023年3月期の連結最終損益が600億円の黒字（前期は1436億円の赤字）になりそうだと発表した。従来予想から200億円上方修正した。水際対策の緩和で国際線の需要が回復し、燃料費などのコストが計画を下回る。日本航空（JAL）は国内線を中心にANAよりも強気に見ていた旅客需要の想定を引き下げ、業績予想を下方修正した。
ANAHDは連結売上高の見通しを前期比68%増の1兆7100億円、営業損益は950億円の黒字（同1731億円の赤字）とした。それぞれ100億円と300億円の上方修正だ。会社の想定と比べて22年10~12月期の売上高が100億

円上回り、営業費用が200億円下回ったことを反映させた。
中堀公博・グループ最高財務責任者（CFO）は「北米線とアジア路線の需要が想定を上回った」と話した。コスト面では燃油や為替の市況変動で約70億円、需要に応じた貨物専用便の減便などの費用削減で約130億円を抑制した。
一方、JALは通期の最終損益（国際会計基準）の予想を250億円の黒字（前期は1775億円の赤字）と、従来予想から200億円引き下げた。売上収益は1兆3580億円と従来予想を460億円下回る。うち260億円を国内線の旅客収入、110億円は貨物郵便収入の下振れが占める。
菊山英樹CFOは「ビジネス需要の戻りが想定ほど早くない」と話し、コロナ禍を受けたリモート会議の普及などが影響している可能性があるとの見方を示した。政府の観光振興策「全国旅行支援」が年明け以降に再開するとの発表が遅れたことも、観光需要の回復の遅れにつながったとみている。
JALはANAと比べて需要の水準を高めに想定していた。2日に1~3月期の国内線の旅客数の想定はコロナ前の85%、国際線は54%に引き下げた。従来はそれぞれ95%と60%だった。ANAは22年10月末に国内線（ANAブランドのみ）がコロナ前比85%、国際線は同55%との想定を示していた。
両社とも業績は回復している。ANAHDの22年4~12月期の最終損益は626億円の黒字（前年同期は1028億円の赤字）、JALは163億円の黒字（同1283億円の赤字）だった。ともに4~12月期としては3年ぶりの黒字となった。
JALは今期末の配当予想を20円（従来予想は未定）に修正し、20年3月期の中間配当以来の配当を見込む。ANAHDは無配予想としている。

（2023年2月2日　日本経済新聞）

航空連合、3年ぶりベア要求　月6000円以上で2%

全日本空輸（ANA）や日本航空（JAL）など航空会社の労働組合が加盟する航空連合は26日、2023年の春季労使交渉で、基本給を一律月額6000円以上引き上げるベースアップ（ベア）を求める方針を発表した。統一のベア要求は3年ぶり。ベア率は平均2%で、定期昇給（定昇）を含む全体の賃上げ率は同4%程度を目指す。
同日の記者会見で方針を示した。22年まで2年連続で統一の賃金改善要求を見送っていた。20年は月額3000円以上を求めており、今回は新型コロナウイルス禍前を上回る水準を要求した。一時金は加盟組合の状況をふまえたうえで、中期目標である月額賃金の5カ月台を目指す。
物価上昇の影響で家計負担はコロナ前に比べて重くなっている。コロナ対応の行動制限や水際対策緩和に伴って需要が戻り、各社の業績は回復基調にある。コロナ禍で人材流出が進み、人材の確保が課題となっていることをふまえた。
内藤晃会長は「23年の春闘は将来の成長に向けた『転換点』として極めて重要だ」と話した。「各社の業績は回復している一方、需要の急激な増加に対応する人材不足が顕在化している。人材確保や育成、定着が最重要課題となっている」と強調した。
航空連合は航空会社や関連企業などの58組合が加盟しており、約4万5千人の組合員を抱える。航空業界はコロナの影響で大きな打撃を受けており、待遇改善で人材の確保を目指す。

（2023年1月26日　日本経済新聞）

JR連合がベア1％要求へ、月3000円　コロナ前と同水準

JR東海などの労働組合で組織するJR連合は、2023年の春季労使交渉で賃金を一律に引き上げるベースアップ（ベア）の統一要求目安を月額3000円とする執行部案を固めた。ベア率は平均1％で、定期昇給（定昇）を含めた全体の賃上げ率は同3％程度を目指す。安定経営が強みとされてきた鉄道業界の環境は新型コロナウイルス禍で揺らいでおり、待遇改善を通じて優秀な人材の確保を目指す。
2月1日の中央委員会で正式決定される見通し。JR連合は貨物を含めたJR7社とグループ会社の計96組合が加盟し、約8万5000人の組合員を抱える。
JR連合は21年、22年は月額1000円のベアを求めてきたが、新型コロナ感染拡大前の要求水準に戻した。総務省によると、22年の東京都区部の物価上昇率は2.2％。物価上昇の影響で足元の家計負担はコロナ禍前に比べて重くなっている一方、JR各社の経営状況が完全に回復していないことを踏まえた。
2％相当の定昇の完全実施を優先課題と位置づけ、定昇制度がない組合では制度設立と併せ、定昇分として5000円の確保を求める。賃金をはじめとする労働条件の改善原資として月例賃金総額の3％相当を求める。
本州3社（JR東日本、JR西日本、JR東海）はコロナ禍の業績低迷を受け、2年連続でベアを見送っていた。JR東は23年3月期の連結最終損益が600億円の黒字（前期は949億円の赤字）と3期ぶりの黒字転換を見込む。

（2023年1月16日　日本経済新聞）

現職者・退職者が語る 運輸業界の口コミ

※編集部に寄せられた情報を基に作成

▶福利厚生

職種：施工管理　　年齢・性別：30代前半・女性

・自分に裁量のある部分に関しては，割と時間の融通が利きます。
・結果さえ出していれば，プライベートを優先させることも可能です。
・場合によっては，他人の仕事であっても泊り込みで残業することも。
・休日出勤する人もいますが，残業時間は一定以上は制限されます。

職種：一般事務　　年齢・性別：20代後半・女性

・異動が多く，転勤が嫌な人にはあまり向かない企業だと思います。
・お盆休みやGWはありませんが，有給休暇数はしっかりあります。
・給与は普通でしたが，賞与は入社一年目でもかなり高額でした。
・家が遠いなど理由があれば寮にも入れるため，貯金はしやすいです。

職種：電気・電子関連職　　年齢・性別：20代後半・男性

・学生気分の抜けないものもいれば，どんどん成長できる人間もいる。
年輩の管理者より若い管理者の下のほうが働きやすいと思います。
・年輩の社員の中には，始業前の掃除を口うるさく言う人も多いです。
・仕事外の関係も親密で，飲み会や旅行，組合活動も必須となります。

職種：サービス関連職　　年齢・性別：20代後半・女性

・明るく元気な人が多く，思っていた以上に体育会系です。
・イキイキというよりもシャキシャキした我が強い人が多いです。
・仕事は体力的にきつく，体を壊す人も多いので，自己管理が大切。
福利厚生は充実していますが，休暇は疲れを取るだけになることも。

▶労働環境

職種：カウンターセールス　年齢・性別：20代後半・男性

・有給休暇は部署により取得方法が違いますが，ほぼ消化できるかも。駅勤務の場合は，自分で代務者を見つければ休暇の取得が可能です。
・住宅補助は家族寮，独身寮がありますが，常に順番待ちの状態。
・現業職採用でも社内公募で本社勤務への異動のチャンスがあります。

職種：生産管理・品質管理（機械）　年齢・性別：20代後半・男性

・社宅や寮は充実しているが，転勤が多く，家族持ちには厳しい面も。
・住宅補助なども充実していて持ち家を買った後も補助されます。
・給与以外の金銭的に助けとなる厚生が非常に充実しています。
・配属については社内応募がなく，自分の意思は全く反映されません。

職種：人事　年齢・性別：30代後半・男性

・社内応募制度については，最近海外関係に力を入れています。
・中長期での海外転勤から，短期の海外研修制度まで公募があります。この他にも留学制度といった，さまざまな制度が用意されています。住宅補助については，社宅・寮の他金銭的な補助も充実。

職種：サービス関連職　年齢・性別：20代後半・女性

・女性が多い職種のためか，出産育児制度にはかなり満足しています。
・一人の子供に対し，最大3年間育児休暇を取ることができます。
・育児休暇中にもう一人出産したら，さらに3年取得できます。
・復帰後も復帰訓練があって，突然現場に戻されることはありません。

▶福利厚生

職種：内勤営業　　年齢・性別：30代後半・男性

・お客様の生命と安全を第一に，快適な移動空間を創出するという点。駅社員はお客様を適切にご案内するという任務をこなしてこそ。
・列車乗務員はご案内に加え，運転に関わる責務を負っています。
・いずれも非常に大きなやりがいのある仕事だと思っています。

職種：セールスエンジニア・サービスエンジニア　　年齢・性別：20代後半・男性

・日本を代表する会社であり，鉄道の安全，安定輸送を支えている点。夜間作業の後，安全な通過を確認した時は，喜びを感じます。
・社員には様々な制度が完備されていて，成長できる点も魅力です。
・留学制度もあり，学部卒でも将来の幹部職への道も開かれています。

職種：物流サービス　　年齢・性別：20代前半・女性

・毎日たくさんのお客様に出会え，とても良い刺激になります。
・サービスは自分の工夫次第で何でも出来るのでやりがいがあります。
・毎日違うメンバーでの業務のため，合わない人ともやりやすいです。丁寧な所作やマナー，ホスピタリティ精神がとても身につきます。

職種：人事　　年齢・性別：20代後半・女性

・総合職はいつでも前面に出て組織を牽引することが求められます。自分が会社にいる存在意義を感じられる場面が多くあります。
・事業内容が社会貢献性が高く，影響を与える範囲も大きいです。
・後世に残る仕事に携わることもでき，大変充実しています。

▶労働環境

職種：運輸関連　　年齢・性別：20代後半・男性

・面接は非常に穏やかな面接で，圧迫面接などもありません。
・入社後の研修が非常に厳しく，入社翌日に退社した人もいます。軍隊のように大声で完璧に暗記するまで唱和を叩きこまれます。
・職場の雰囲気は良いので，研修さえ耐えれば大丈夫かと思います。

職種：生産管理・品質管理　　年齢・性別：20代後半・男性

・ワークライフバランスは非常にとりづらいと思います。
・若手の勉強のためという名目の飲み会も多く，サービス残業も多め。
・上司に気に入られないと出世は難しいと思われます。
・休日に社内レクリエーションがあり，強制的に動員されることも。

職種：技術関連職　　年齢・性別：20代後半・男性

・残業は月に50時間～100時間といったところです。
・災害が発生した場合には休日も出社となり，残業も増えます。
・社内の強制参加のイベントも少なくなく，体育会系な職場と言えます。残業代はきちんと払われるのでその点は良しとします。

職種：総合職事務職　　年齢・性別：40代後半・女性

・女性ばかりの職場なので，足の引っ張り合いや嫉妬があります。
・尊敬出来る先輩のグループに所属出来れば非常にやりやすいです。
・長い物に巻かれるタイプのほうが重宝されて居心地は良いでしょう。
・世間のイメージと内部事情はだいぶ違うので覚悟が必要です。

▶福利厚生

職種：一般事務　　年齢・性別：20代後半・女性

・女性社員で3年の育休取得後，短時間制度を活用中の方もいます。急用で抜ける場合も，周囲が仕事をカバーして乗り切っています。
・更衣室の設置など女性の労働環境もだいぶ良くなってきています。
・男社会からの脱却という感じで，男女差もなく仕事が与えられます。

職種：施工管理　　年齢・性別：20代後半・男性

・女性の管理職は女性社員が比較的少ないのであまり多くありません。
・女性の場合，昇進については優遇されてきているように感じます。
・本人の頑張り次第で管理職への昇進も可能だと思います。
・管理職を目指すなら，上級職で採用されることが大事だと思います。

職種：物流サービス　　年齢・性別：30代後半・女性

・部署によっては女性の管理職が大半を占めているところもあります。
・一昔前は未婚でバリバリ働かないと管理職は難しかったようですが。
・結婚，出産，育児を経てバランス良くこなしている人が多いです。一般社員に比べて休日出勤等の負担は多少大きいかもしれません。

職種：サービス関連職　　年齢・性別：20代後半・女性

・女性が多い環境ということもあり，育児休暇などは取りやすいです。復職も一般の事務などと比べ，スムーズにできると思います。
・同僚や先輩も魅力的な方が多く，職場環境はとても良かったです。資格を取るなどモチベーションを保つ努力は必要だと思います。

▶労働環境

職種：技術関連職　　年齢・性別：40代前半・男性

・運輸事業のみを見れば，堅調に推移しており，底堅いといえます。
・日本全体を考えると運輸の未来は明るくはないかもしれません。
・新たなビジネスをつくることで，問題解決に取り組むことが必要。旧態依然の体質のなか，スピード感が求められていると思います。

職種：経営企画　　年齢・性別：50代後半・男性

・経営者，社員が一丸となって改革を継続していこうとしています。
・以前の会社とは良い意味で様変わりしているといえます。
・業績が回復した現在でも，更に引き締めつつ着実に前進しています。
・これをこれからも継続していけるか否かが勝負だろうと思います。

職種：個人営業　　年齢・性別：30代後半・男性

・業績がＶ字回復を果たし，再び業績悪化させまいと皆必死です。
・一部には何となくこれで大丈夫という安心感が漂っているのも事実。
・プロ意識があまりに強く，自信がそうさせるのかもしれません。
・昔の親方日の丸的な雰囲気を払拭し，改革こそが発展のカギかと。

職種：経営企画　　年齢・性別：20代後半・男性

・会社の改革の一環として，新たな人財育成計画が策定されました。
・これまでの教育プログラムよりも実践的なものになるようです。
・社員側も「自分で自分を磨くしかない」という意識が高いです。
・今後，世界企業の一員として羽ばたくことを目標に改革は進みます。

航空　国内企業リスト（一部抜粋）

会社名	本社住所
日本航空株式会社	東京都品川区東品川二丁目４番11号 野村不動産天王洲ビル
株式会社ジェイエア	大阪府池田市空港2-2-5 空港施設・大阪綜合ビル
株式会社ジャルエクスプレス	東京都大田区羽田空港3-3-2　第一旅客ターミナル4F
日本トランスオーシャン航空株式会社	沖縄県那覇市山下町3-24
琉球エアーコミューター株式会社	沖縄県那覇市山下町3-24
日本エアコミューター株式会社	鹿児島県霧島市溝辺町麓787-4
株式会社北海道エアシステム	札幌市東区丘珠町 丘珠空港内
全日本空輸株式会社	東京都港区東新橋1-5-2 汐留シティセンター
ANAウイングス株式会社	東京都大田区羽田空港3-3-2
株式会社エアージャパン	東京都大田区東糀谷六丁目７番56号
スカイマーク株式会社	東京都大田区羽田空港3-5-7
株式会社AIRDO	北海道札幌市中央区北１条西２丁目９　オーク札幌ビル８階
アイベックスエアラインズ株式会社	東京都江東区新砂1-2-3
スカイネットアジア航空株式会社	宮崎市大字赤江　宮崎空港内（宮崎空港ビル２階）
オリエンタルエアブリッジ株式会社	長崎県大村市箕島町593番地の２（長崎空港内）
株式会社スターフライヤー	福岡県北九州市小倉南区空港北町６番　北九州空港スターフライヤー本社ビル
新中央航空株式会社	東京都調布市西町２９０-３
第一航空株式会社	大阪府八尾市空港２丁目12番地（八尾空港内）
株式会社フジドリームエアラインズ	静岡県静岡市清水区入船町11-1
天草エアライン株式会社	熊本県天草市五和町城河原１丁目２０８０番地５
新日本航空株式会社	鹿児島県霧島市隼人町西光寺3525-1

第3章

就職活動のはじめかた

入りたい会社は決まった。しかし「就職活動とはそもそも何をしていいのかわからない」「どんな流れで進むかわからない」という声は意外と多い。ここでは就職活動の一般的な流れや内容，対策について解説していく。

▶就職活動のスケジュール

3月	4月	6月

就職活動スタート

2025年卒の就活スケジュールは，経団連と政府を中心に議論され，2024年卒の採用選考スケジュールから概ね変更なしとされている。

エントリー受付・提出

OB・OG訪問

企業の説明会には積極的に参加しよう。独自の企業研究だけでは見えてこなかった新たな情報を得る機会であるとともに，モチベーションアップにもつながる。また，説明会に参加した者だけに配布する資料などもある。

合同企業説明会　個別企業説明会

筆記試験・面接試験等始まる（3月～）

内々定（大手企業）

2月末までにやっておきたいこと

就職活動が本格化する前に，以下のことに取り組んでおこう。

◎自己分析　◎インターンシップ　◎筆記試験対策
◎業界研究・企業研究　◎学内就職ガイダンス

自分が本当にやりたいことはなにか，自分の能力を最大限に活かせる会社はどこか。自己分析と企業研究を重ね，それを文章などにして明確にしておき，面接時に最大限に活用できるようにしておこう。

※このスケジュール表は一般的なものです。本年(2019年度)の採用スケジュール表ではありませんので，ご注意ください。

7月

8月

10月

中小企業採用本格化

内定者の数が採用予定数に満たない企業，1年を通して採用を継続している企業，夏休み以降に採用活動を実施企業（後期採用）は採用活動を継続して行っている。大企業でも後期採用を行っていることもあるので，企業から内定が出ても，納得がいかなければ継続して就職活動を行うこともある。

中小企業の採用が本格化するのは大手企業より少し遅いこの時期から。HPなどで採用情報をつかむとともに，企業研究も怠らないようにしよう。

内々定とは10月1日以前に通知（電話等）されるもの。内定に関しては現在協定があり，10月1日以降に文書等にて通知される。

内々定（中小企業）

内定式（10月〜）

どんな人物が求められる?

多くの企業は，常識やコミュニケーション能力があり，社会のできごとに高い関心を持っている人物を求めている。これは「会社の一員として将来の企業発展に寄与してくれるか」という視点に基づく，もっとも普遍的な選考基準だ。もちろん，「自社の志望を真剣に考えているか」「自社の製品，サービスにどれだけの関心を向けているか」という熱意の部分も重要な要素になる。

理論編

就活ロールプレイ！

理論編

STEP 1 就職活動のスタート

内定までの道のりは，大きく分けると以下のようになる。

01 まず自己分析からスタート

就職活動とは，「企業に自分をPRすること」。自分自身の興味，価値観に加えて，強み·能力という要素が加わって，初めて企業側に「自分が働いたら，こういうポイントで貢献できる」と自分自身を売り込むことができるようになる。

■自分の来た道を振り返る

自己分析をするための第一歩は，「振り返ってみる」こと。

小学校，中学校など自分のいた“場”ごとに何をしたか（部活動など），何を学んだか，交友関係はどうだったか，興味のあったこと，覚えている印象的なことを書き出してみよう。

■テストを受けてみる

“自分では気がついていない能力”を客観的に検査してもらうことで，自分に向いている職種が見えてくる。下記の5種類が代表的なものだ。

①職業適性検査　②知能検査　③性格検査
④職業興味検査　⑤創造性検査

■先輩や専門家に相談してみる

就職活動をするうえでは，“いかに他人に自分のことをわかってもらうか”が重要なポイント。他者の視点で自分を分析してもらうことで，より客観的な視点で自己PRができるようになる。

自己分析の流れ

❏過去の経験を書いてみる
❏現在の自己イメージを明確にする…行動，考え方，好きなものなど。
❏他人から見た自分を明確にする
❏将来の自分を明確にしてみる…どのような生活をおくっていたいか。期待，夢，願望。なりたい自分はどういうものか，掘り下げて考える。→自己分析結果を，志望動機につなげていく。

理論編 STEP 2

企業の情報を収集する

01 企業の絞り込み

志望企業の絞り込みについての考え方は大きく分けて2つある。

第1は，同一業種の中で1次候補，2次候補……と絞り込んでいく方法。

第2は，業種を1次，2次，3次候補と変えながら，それぞれに2社程度ずつ絞り込んでいく方法。

第1の方法では，志望する同一業種の中で，一流企業，中堅企業，中小企業，縁故などがある歯止めの会社……というふうに絞り込んでいく。

第2の方法では，自分が最も望んでいる業種，将来好きになれそうな業種，発展性のある業種，安定性のある業種，現在好況な業種……というふうに区別して，それぞれに適当な会社を絞り込んでいく。

02 情報の収集場所

・キャリアセンター

・新聞

・インターネット

・企業情報

『就職四季報』（東洋経済新報社刊），『日経会社情報』（日本経済新聞社刊）などの企業情報。この種の資料は本来“株式市場”についての資料だが，その時期の景気動向を含めた情報を仕入れることができる。

・経済雑誌

『ダイヤモンド』（ダイヤモンド社刊）や『東洋経済』（東洋経済新報社刊），『エコノミスト』（毎日新聞出版刊）など。

・OB・OG／社会人

03 志望企業をチェック

①成長力

まず“売上高”。次に資本力の問題や利益率などの比率。いくら資本金があっても，それを上回る膨大な借金を抱えていて，いくら稼いでも利払いに追われまくるようでは，成長できないし，安定できない。

成長力を見るには自己資本率を割り出してみる。自己資本を総資本で割って100を掛けると自己資本率がパーセントで出てくる。自己資本の比率が高いほうが成長力もあり安定度も高い。

利益率は純利益を売上高で割って100を掛ける。利益率が高ければ，企業はどんどん成長するし，社員の待遇も上昇する。利益率が低いということは，仕事がどんなに忙しくても利益にはつながらないということになる。

②技術力

技術力は，短期的な見方と長期的な展望が必要になってくる。研究部門が適切な規模か，大学など企業外の研究部門との連絡があるか，先端技術の分野で開発を続けているかどうかなど。

③経営者と経営形態

会社が将来，どのような発展をするか，または衰退するかは経営者の経営哲学，経営方針によるところが大きい。社長の経歴を知ることも必要。創始者の息子，孫といった親族が社長をしているのか，サラリーマン社長か，官庁などからの天下りかということも大切なチェックポイント。

④社風

社風というのは先輩社員から後輩社員に伝えられ，教えられるもの。社風もいろいろな面から必ずチェックしよう。

⑤安定性

企業が成長しているか，安定しているかということは車の両輪。どちらか片方の回転が遅くなっても企業はバランスを失う。安定し，しかも成長する。これが企業として最も理想とするところ。

⑥待遇

初任給だけを考えてみても，それが手取りなのか，基本給なのか。基本給というのはボーナスから退職金，定期昇給の金額にまで響いてくる。また，待遇というのは給与ばかりではなく，福利厚生施設でも大きな差が出てくる。

■そのほかの会社比較の基準

1. ゆとり度

休暇制度は，企業によって独自のものを設定しているところもある。「長期休暇制度」といったものなどの制定状況と，また実際に取得できているかどうかも調べたい。

2. 独身寮や住宅設備

最近では，社宅は廃止し，住宅手当を多く出すという流れもある。寮や社宅についての福利厚生は調べておく。

3. オフィス環境

会社に根づいた慣習や社員に対する考え方が，意外にオフィスの設備やレイアウトに表れている場合がある。

たとえば，個人の専有スペースの広さや区切り方，パソコンなどOA機器の設置状況，上司と部下の机の配置など，会社によってずいぶん違うもの。玄関ロビーや受付の様子を観察するだけでも，会社ごとのカラーや特徴がどこかに見えてくる。

4. 勤務地

転勤はイヤ，どうしても特定の地域で生活していきたい。そんな声に応えて，最近は流通業などを中心に，勤務地限定の雇用制度を取り入れる企業も増えている。

column 初任給では分からない本当の給与

会社の給与水準には「初任給」「平均給与」「平均ボーナス」「モデル給与」など，判断材料となるいくつかのデータがある。これらのデータからその会社の給料の優劣を判断するのは非常に難しい。

たとえば中小企業の中には，初任給が飛び抜けて高い会社がときどきある。しかしその後の昇給率は大きくないのがほとんど。

一方，大手企業の初任給は業種間や企業間の差が小さく，ほとんど横並びと言っていい。そこで，「平均給与」や「平均ボーナス」などで将来の予測をするわけだが，これは一応の目安とはなるが，個人差があるので正確とは言えない。

04 就職ノートの作成

■決定版「就職ノート」はこう作る

1冊にすべて書き込みたいという人には，ルーズリーフ形式のノートがお勧め。会社研究，スケジュール，時事用語，OB／OG訪問，切り抜きなどの項目を作りインデックスをつける。

カレンダー，説明会，試験などのスケジュール表を貼り，とくに会社別の説明会，面談，書類提出，試験の日程がひと目で分かる表なども作っておく。そして見開き2ページで1社を載せ，左ページに企業研究，右ページには志望理由，自己PRなどを整理する。

就職ノートの主なチェック項目

- ❏企業研究…資本金，業務内容，従業員数など基礎的な会社概要から，過去の採用状況，業務報告などのデータ
- ❏採用試験メモ…日程，条件，提出書類，採用方法，試験の傾向など
- ❏店舗・営業所見学メモ…流通関係，銀行などの場合は，客として訪問し，商品（値段，使用価値，ユーザーへの配慮），店員（接客態度，商品知識，熱意，親切度），店舗（ショーケース，陳列の工夫，店内の清潔さ）などの面をチェック
- ❏OB／OG訪問メモ…OB／OGの名前，連絡先，訪問日時，面談場所，質疑応答のポイント，印象など
- ❏会社訪問メモ…連絡先，人事担当者名，会社までの交通機関，最寄り駅からの地図，訪問のときに得た情報や印象，訪問にいたるまでの経過も記入

05「OB／OG訪問」

「OB／OG訪問」は，実際は採用予備選考開始。まず，OB／OG訪問を希望したら，大学のキャリアセンター，教授などの紹介で，志望企業に勤める先輩の手がかりをつかむ。もちろん直接電話なり手紙で，自分の意向を会社側に伝えてもいい。自分の在籍大学，学部をはっきり言って，「先輩を紹介していただけないでしょうか」と依頼しよう。

参考

OB／OG訪問時の質問リスト例

●採用について

- 成績と面接の比重
- 評価のポイント
- 採用までのプロセス（日程）
- 筆記試験の傾向と対策
- 面接は何回あるか
- コネの効力はどうか
- 面接で質問される事項　etc.

●仕事について

- 内容（入社10年，20年のOB/OG）
- 新入社員の仕事
- 希望職種につけるのか
- やりがいはどうか
- 残業，休日出勤，出張など
- 同業他社と比較してどうか　etc.

●社風について

- 社内のムード
- 上司や同僚との関係
- 仕事のさせ方　etc.

●待遇について

- 給与について
- 福利厚生の状態
- 昇進のスピード
- 離職率について　etc.

06 インターンシップ

インターンシップとは，学生向けに企業が用意している「就業体験」プログラム。ここで学生はさまざまな企業の実態をより深く知ることができ，その後の就職活動において自己分析，業界研究，職種選びなどに活かすことができる。また企業側にとっても有能な学生を発掘できるというメリットがあるため，導入する企業は増えている。

インターンシップ参加が採用につながっているケースもあるため，たくさん参加してみよう。

column コネを利用するのも1つの手段？

コネを活用できるのは，以下のような場合である。

・企業と大学に何らかの「連絡」がある場合

企業の新卒採用の場合，特定校・指定校が決められていることもある。企業側が過去の実績などに基づいて決めており，大学の力が大きくものをいう。

とくに理工系では，指導教授や研究室と企業との連絡が密接な場合が多く，教授の推薦が有利であることは言うまでもない。同じ大学出身の先輩とのコネも，この部類に区分できる。

・志望企業と「関係」ある人と関係がある場合

一般的に言えば，志望企業の取り引き先関係からの紹介というのが一番多い。ただし，年間億単位の実績が必要で，しかも部長・役員以上につながっていなければコネがあるとは言えない。

・志望企業と何らかの「親しい関係」がある場合

志望企業に勤務したりアルバイトをしていたことがあるという場合。インターンシップもここに分類される。職場にも馴染みがあり人間関係もできているので，就職に際してきわめて有利。

・志望会社に関係する人と「縁故」がある場合

縁故を「血縁関係」とした場合，日本企業ではこのコネはかなり有効なところもある。ただし，血縁者が同じ会社にいるというのは不都合なことも多いので，どの企業も慎重。

07 会社説明会のチェックポイント

1. 受付の様子

受付事務がテキパキとしていて，分かりやすいかどうか。社員の態度が親切で誠意が伝わってくるかどうか。

こういった受付の様子からでも，その会社の社員教育の程度や，新入社員採用に対する熱意とか期待を推し測ることができる。

2. 控え室の様子

控え室が2カ所以上あって，国立大学と私立大学の訪問者とが，別々に案内されているようなことはないか。また，面談の順番を意図的に変えているようなことはないか。これはよくある例で，すでに大半は内定しているということを意味する場合が多い。

3. 社内の雰囲気

社員の話し方，その内容を耳にはさむだけでも，社風が伝わってくる。

4. 面談の様子

何時間も待たせたあげくに，きわめて事務的に，しかも投げやりな質問しかしないような採用担当者である場合，この会社は人事が適正に行われていないということだから，一考したほうがよい。

説明会での質問項目

- 質問内容が抽象的でなく，具体性のあるものかどうか。
- 質問内容は，現在の社会・経済・政治などの情況を踏まえた，大学生らしい高度で専門性のあるものか。
- 質問をするのはいいが，「それでは，あなたの意見はどうか」と逆に聞かれたとき，自分なりの見解が述べられるものであるか。

理論編 STEP 3 提出書類を用意する

提出する書類は6種類。①〜③が大学に申請する書類，④〜⑥が自分で書く書類だ。大学に申請する書類は一度に何枚も入手しておこう。

①**「卒業見込証明書」**

②**「成績証明書」**

③**「健康診断書」**

④**「履歴書」**

⑤**「エントリーシート」**

⑥**「会社説明会アンケート」**

■自分で書く書類は「自己PR」

第1次面接に進めるか否かは「自分で書く書類」の出来にかかっている。「履歴書」と「エントリーシート」は会社説明会に行く前に準備しておくもの。「会社説明会アンケート」は説明会の際に書き，その場で提出する書類だ。

01 履歴書とエントリーシートの違い

Webエントリーを受け付けている企業に資料請求をすると，資料と一緒に「エントリーシート」が送られてくるので，応募サイトのフォームやメールでエントリーシートを送付する。Webエントリーを行っていない企業には，ハガキやメールで資料請求をする必要があるが，「エントリーシート」は履歴書とは異なり，企業が設定した設問に対して回答するもの。すなわちこれが「1次試験」であり，これにパスをした人だけが会社説明会に呼ばれる。

02 記入の際の注意点

■字はていねいに

字を書くところから，その企業に対する“本気度”は測られている。

■誤字，脱字は厳禁

使用するのは，黒のインク。

■修正液使用は不可

■数字は算用数字

■自分の広告を作るつもりで書く

自分はこういう人間であり，何がしたいかということを簡潔に書く。メリットになることだけで良い。自分に損になるようなことを書く必要はない。

■「やる気」を示す具体的なエピソードを

「私はやる気があります」「私は根気があります」という抽象的な表現だけではNG。それを示すエピソードのようなものを書かなくては意味がない。

Point

自己紹介欄の項目はすべて「自己PR」。自分はこういう人間であることを印象づけ，それがさらに企業への「志望動機」につながっていくような書き方をする。

column 履歴書やエントリーシートは，共通でもいい？

「履歴書」や「エントリーシート」は企業によって書き分ける。業種はもちろん，同じ業界の企業であっても求めている人材が違うからだ。各書類は提出前にコピーを取り，さらに出した企業名を忘れずに書いておくことも大切だ。

履歴書記入のPoint

写真	スナップ写真は不可。 スーツ着用で,胸から上の物を使用する。ポイントは「清潔感」。 氏名・大学名を裏書きしておく。
日付	郵送の場合は投函する日，持参する場合は持参日の日付を記入する。
生年月日	西暦は避ける。元号を省略せずに記入する。
氏名	戸籍上の漢字を使う。印鑑押印欄があれば忘れずに押す。
住所	フリガナ欄がカタカナであればカタカナで，平仮名であれば平仮名で記載する。
学歴	最初の行の中央部に「学□□歴」と2文字程度間隔を空けて，中学校卒業から大学（卒業・卒業見込み）まで記入する。 中途退学の場合は，理由を簡潔に記載する。留年は記入する必要はない。 職歴がなければ，最終学歴の一段下の行の右隅に，「以上」と記載する。
職歴	最終学歴の一段下の行の中央部に「職□□歴」と2文字程度間隔を空け記入する。 「株式会社」や「有限会社」など，所属部門を省略しないで記入する。 「同上」や「〃」で省略しない。 最終職歴の一段下の行の右隅に，「以上」と記載する。
資格・免許	4級以下は記載しない。学習中のものも記載して良い。 「普通自動車第一種運転免許」など，省略せずに記載する。
趣味・特技	具体的に（例：読書でもジャンルや好きな作家を）記入する。
志望理由	その企業の強みや良い所を見つけ出したうえで，「自分の得意な事」がどう活かせるかなどを考えぬいたものを記入する。
自己PR	応募企業の事業内容や職種にリンクするような，自分の経験やスキルなどを記入する。
本人希望欄	面接の連絡方法,希望職種･勤務地などを記入する。「特になし」や空白はNG。
家族構成	最初に世帯主を書き，次に配偶者，それから家族を祖父母，兄弟姉妹の順に。続柄は，本人から見た間柄。兄嫁は，義姉と書く。
健康状態	「良好」が一般的。

理論編 STEP4

エントリーシートの記入

01 エントリーシートの目的

・応募者を，決められた採用予定者数に絞り込むこと

・面接時の資料にする

の2つ。

■知りたいのは職務遂行能力

採用担当者が学生を見る場合は,「こいつは与えられた仕事をこなせるかどうか」という目で見ている。企業に必要とされているのは仕事をする能力なのだ。

Point

質問に忠実に，“自分がいかにその会社の求める人材に当てはまるか”を丁寧に答えること。

02 効果的なエントリーシートの書き方

■情報を伝える書き方

課題をよく理解していることを相手に伝えるような気持ちで書く。

■文章力

大切なのは全体のバランスが取れているか。書く前に，何をどれくらいの字数で収めるか計算しておく。

「起承転結」でいえば，「起」は，文章を起こす導入部分。「承」は，起を受けて，その提起した問題に対して承認を求める部分。「転」は，自説を展開する部分。もっともオリジナリティが要求される。「結」は,最後の締めの結論部分。文章の構成・まとめる力で，総合的な能力が高いことをアピールする。

エントリーシートでよく取り上げられる題材と，その出題意図

エントリーシートで求められるものは，「自己PR」「志望動機」「将来どうなりたいか（目指すこと）」の3つに大別される。

1.「自己PR」

自己分析にしたがって作成していく。重要なのは，「なぜそうしようと思ったか？」「○○をした結果，何が変わったのか？何を得たのか？」という“連続性”が分かるかどうかがポイント。

2.「志望動機」

自己PRと一貫性を保ち，業界志望理由と企業志望理由を差別化して表現するように心がける。志望する業界の強みと弱み，志望企業の強みと弱みの把握は基本。

3.「将来の展望」

どんな社員を目指すのか，仕事へはどう臨もうと思っているか，目標は何か，などが問われる。仕事内容を事前に把握しておくだけでなく，5年後の自分，10年後の自分など，具体的な将来像を描いておくことが大切。

表現力，理解力のチェックポイント

- ❏文法，語法が正しいかどうか
- ❏論旨が論理的で一貫しているかどうか
- ❏1センテンスが簡潔かどうか
- ❏表現が統一されているかどうか（「です，ます」調か「だ，である」調か）

理論編 STEP 5

面接試験の進みかた

01 個人面接

●自由面接法

面接官と受験者のキャラクターやその場の雰囲気，質問と応答の進行具合などによって雑談形式で自由に進められる。

●標準面接法

自由面接法とは逆に，質問内容や評価の基準などがあらかじめ決まっている。実際には自由面接法と併用で，おおまかな質問事項や判定基準，評価ポイントを決めておき，質疑応答の内容上の制限を緩和しておくスタイルが一般的。1次面接などでは標準面接法をとり，2次以降で自由面接法をとる企業も多い。

●非指示面接法

受験者に自由に発言してもらい，面接官は話題を引き出したりするときなど，最小限の質問をするという方法。

●圧迫面接法

わざと受験者の精神状態を緊張させ，受験者がどのような応答をするかを観察し，判定する。受験者は，冷静に対応することが肝心。

02 集団面接

面接の方法は個人面接と大差ないが，面接官がひとつの質問をして，受験者が順にそれに答えるという方法と，面接官が司会役になって，座談会のような形式で進める方法とがある。

座談会のようなスタイルでの面接は，なるべく受験者全員が関心をもっているような話題を取りあげ，意見を述べさせるという方法。この際，司会役以外の面接官は一言も発言せず，判定・評価に専念する。

03 グループディスカッション

グループディスカッション（以下，GD）の時間は30～60分程度，1グループの人数は5～10人程度で，司会は面接官が行う場合や，時間を決めて学生が交替で行うことが多い。面接官は内容については特に指示することはなく，受験者がどのようにGDを進めるかを観察する。

評価のポイントは，全体的には理解力，表現力，指導性，積極性，協調性など，個別的には性格，知識，適性などが観察される。

GDの特色は，集団の中での個人ということで，受験者の能力がどの程度のものであるか，また，どのようなことに向いているかを判定できること。受験者は，グループの中における自分の位置を面接官に印象づけることが大切だ。

グループディスカッション方式の面接におけるチェックポイント

- ❏全体の中で適切な論点を提供できているかどうか。
- ❏問題解決に役立つ知識を持っているか，また提供できているかどうか。
- ❏もつれた議論を解きほぐし，的はずれの議論を元に引き戻す努力をしているかどうか。
- ❏グループ全体としての目標をいつも考えているかどうか。
- ❏感情的な対立や攻撃をしかけているようなことはないか。
- ❏他人の意見に耳を傾け，よい意見には賛意を表し，それを全体に推し広げようという寛大さがあるかどうか。
- ❏議論の流れを自然にリードするような主導性を持っているかどうか。
- ❏提出した意見が議論の進行に大きな影響を与えているかどうか。

04 面接時の注意点

●控え室

控え室には，指定された時間の15分前には入室しよう。そこで担当の係から，面接に際しての注意点や手順の説明が行われるので，疑問点は積極的に聞くようにし，心おきなく面接にのぞめるようにしておこう。会社によっては，所定のカードに必要事項を書き込ませたり，お互いに自己紹介をさせたりする場合もある。また，この控え室での行動も細かくチェックして，合否の資料にしている会社もある。

●入室・面接開始

係員がドアの開閉をしてくれる場合もあるが，それ以外は軽くノックして入室し，必ずドアを閉める。そして入口近くで軽く一礼し，面接官か補助員の「どうぞ」という指示で正面の席に進み，ここで再び一礼をする。そして，学校名と氏名を名のって静かに着席する。着席時は，軽く椅子にかけるようにする。

●面接終了と退室

面接の終了が告げられたら，椅子から立ち上がって一礼し，椅子をもとに戻して，面接官または係員の指示を受けて退室する。

その際も，ドアの前で面接官のほうを向いて頭を下げ，静かにドアを開閉する。控え室に戻ったら，係員の指示を受けて退社する。

05 面接試験の評定基準

●協調性

企業という「集団」では，他人との協調性が特に重視される。

感情や態度が円満で調和がとれていること，極端に好悪の情が激しくなく，物事の見方や考え方が穏健で中立であることなど，職場での人間関係を円滑に進めていくことのできる人物かどうかが評価される。

●話し方

外観印象的には，言語の明瞭さや応答の態度そのものがチェックされる。小さな声で自信のない発言，乱暴野卑な発言は減点になる。

考えをまとめたら，言葉を選んで話すくらいの余裕をもって，真剣に応答しようとする姿勢が重視される。軽率な応答をしたり，まして発言に矛盾を指摘されるような事態は極力避け，もしそのような状況になりそうなときは，自分の非を認めてはっきりと謝るような態度を示すべき。

●好感度

実社会においては，外観による第一印象が，人間関係や取引に大きく影響を及ぼす。

「フレッシュな爽やかさ」に加え，入社志望など，自分の意思や希望をより明確にすることで，強い信念に裏づけられた姿勢をアピールできるよう努力したい。

●判断力

何を質問されているのか，何を答えようとしているのか，常に冷静に判断していく必要がある。

●表現力

話に筋道が通り理路整然としているか，言いたいことが簡潔に言えるか，話し方に抑揚があり聞く者に感銘を与えるか，用語が適切でボキャブラリーが豊富かどうか。

●積極性

活動意欲があり，研究心旺盛であること，進んで物事に取り組み，創造的に解決しようとする意欲が感じられること，話し方にファイトや情熱が感じられること，など。

●計画性

見通しをもって順序よく合理的に仕事をする性格かどうか，またその能力の有無。企業の将来性のなかに，自分の将来をどうかみ合わせていこうとしているか，現在の自分を出発点として，何を考え，どんな仕事をしたいのか。

●安定性

情緒の安定は，社会生活に欠くことのできない要素。自分自身をよく知っているか，他の人に流されない信念をもっているか。

●誠実性

自分に対して忠実であろうとしているか，物事に対してどれだけ誠実な考え方をしているか。

●社会性

企業は集団活動なので，自分の考えに固執したり，不平不満が多い性格は向かない。柔軟で適応性があるかどうか。

清潔感や明朗さ，若々しさといった外観面も重視される。

06 面接試験の質問内容

1. 志望動機

受験先の概要や事業内容はしっかりと頭の中に入れておく。また，その企業の企業活動の社会的意義と，自分自身の志望動機との関連を明確にしておく。「安定している」「知名度がある」「将来性がある」といった利己的な動機，「自分の性格に合っている」というような，あいまいな動機では説得力がない。安定性や将来性は，具体的にどのような企業努力によって支えられているのかという考察も必要だし，それに対する受験者自身の評価や共感なども問われる。

①どうしてその業種なのか

②どうしてその企業なのか

③どうしてその職種なのか

以上の①～③と，自分の性格や資質，専門などとの関連性を説明できるようにしておく。

自分がどうしてその会社を選んだのか，どこに大きな魅力を感じたのかを，できるだけ具体的に，情熱をもって語ることが重要。自分の長所と仕事の適性を結びつけてアピールし，仕事のやりがいや仕事に対する興味を述べるのもよい。

■複数の企業を受験していることは言ってもいい？

同じ職種，同じ業種で何社かかけもちしている場合，正直に答えてもかまわない。しかし，「第一志望はどこですか」というような質問に対して，正直に答えるべきかどうかというと，やはりこれは疑問がある。どんな会社でも，他社を第一志望にあげられれば，やはり愉快には思わない。

また，職種や業種の異なる会社をいくつか受験する場合も同様で，極端に性格の違う会社をあげれば，その矛盾を突かれるのは必至だ。

2. 仕事に対する意識・職業観

採用試験の段階では，次年度の配属予定が具体的に固まっていない会社もかなりある。具体的に職種や部署などを細分化して募集している場合は別だが，そうでない場合は，希望職種をあまり狭く限定しないほうが賢明。どの業界においても，採用後，新入社員には，研修としてその会社の各セクションをひと通り経験させる企業は珍しくない。そのうえで，具体的な配属計画を検討するのだ。

大切なことは，就職や職業というものを，自分自身の生き方の中にどう位置づけるか，また，自分の生活の中で仕事とはどういう役割を果たすのかを考えてみること。つまり自分の能力を活かしたい，社会に貢献したい，自分の存在価値を社会的に実現してみたい，ある分野で何か自分の力を試してみたい……，などの場合を考え，それを自分自身の人生観，志望職種や業種などとの関係を考えて組み立ててみる。自分の人生観をもとに，それを自分の言葉で表現できるようにすることが大切。

3. 自己紹介・自己PR

性格そのものを簡単に変えたり，欠点を克服したりすることは実際には難しいが，“仕方がない”という姿勢を見せることは禁物で，どんなささいなことでも，努力している面をアピールする。また一般的にいって，専門職を除けば，就職時になんらかの資格や技能を要求する企業は少ない。

ただ，資格をもっていれば採用に有利とは限らないが，専門性を要する業種では考慮の対象とされるものもある。たとえば英検，簿記など。

企業が学生に要求しているのは，4年間の勉学を重ねた学生が，どのように仕事に有用であるかということで，学生の知識や学問そのものを聞くのが目的ではない。あくまで，社会人予備軍としての謙虚さと素直さを失わないようにする。

知識や学力よりも，その人の人間性，ビジネスマンとしての可能性を重視するからこそ，面接担当者は，学生生活全般について尋ねることで，書類だけでは分からない人間性を探ろうとする。

何かうち込んだものや思い出に残る経験などは，その人の人間的な成長になんらかの作用を及ぼしているものだ。どんな経験であっても，そこから受けた印象や教訓などは，明確に答えられるようにしておきたい。

4. 一般常識・時事問題

一般常識・時事問題については筆記試験の分野に属するが，面接でこうしたテーマがもち出されることも珍しくない。受験者がどれだけ社会問題に関心をもっているか，一般常識をもっているか，また物事の見方・考え方に偏りがないかなどを判定する。知識や教養だけではなく，一問一答の応答を通じて，その人の性格や適応能力まで判断されることになる。

07 面接に向けての事前準備

■面接試験1カ月前までには万全の準備をととのえる

●志望会社・職種の研究

新聞の経済欄や経済雑誌などのほか，会社年鑑，株式情報など書物による研究をしたり，インターネットにあがっている企業情報や，検索によりさまざまな角度から調べる。すでにその会社へ就職している先輩や知人に会って知識を得たり，大学のキャリアセンターへ情報を求めるなどして総合的に判断する。

■専攻科目の知識・卒論のテーマなどの整理

大学時代にどれだけ勉強してきたか，専攻科目や卒論のテーマなどを整理しておく。

■時事問題に対する準備

毎日欠かさず新聞を読む。志望する企業の話題は，就職ノートに整理するなどもアリ。

面接当日の必需品

- ❏必要書類（履歴書，卒業見込証明書，成績証明書，健康診断書，推薦状）
- ❏学生証
- ❏就職ノート（志望企業ファイル）
- ❏印鑑，朱肉
- ❏筆記用具（万年筆，ボールペン，サインペン，シャープペンなど）
- ❏手帳，ノート
- ❏地図（訪問先までの交通機関などをチェックしておく）
- ❏現金（小銭も用意しておく）
- ❏腕時計（オーソドックスなデザインのもの）
- ❏ハンカチ，ティッシュペーパー
- ❏くし，鏡（女性は化粧品セット）
- ❏シューズクリーナー
- ❏ストッキング
- ❏折りたたみ傘（天気予報をチェックしておく）
- ❏携帯電話，充電器

理論編 STEP 6

筆記試験の種類

■一般常識試験

社会人として企業活動を行ううえで最低限必要となる一般常識のほか，英語，国語，社会(時事問題)，数学などの知識の程度を確認するもの。

難易度はおおむね中学・高校の教科書レベル。一般常識の問題集を1冊やっておけばよいが，業界によっては専門分野が出題されることもあるため，必ず志望する企業のこれまでの試験内容は調べておく。

■一般常識試験の対策

- **英語**　慣れておくためにも，教科書を復習する，英字新聞を読むなど。
- **国語**　漢字，四字熟語，反対語，同音異義語，ことわざをチェック。
- **時事問題**　新聞や雑誌，テレビ，ネットニュースなどアンテナを張っておく。

■適性検査

SPI（Synthetic Personality Inventory）試験（SPI3試験）とも呼ばれ，能力テストと性格テストを合わせたもの。

能力テストでは国語能力を測る「言語問題」と，数学能力を測る「非言語問題」がある。言語的能力，知覚能力，数的能力のほか，思考・推理能力，記憶力，注意力などの問題で構成されている。

性格テストは「はい」か「いいえ」で答えていく。仕事上の適性と性格の傾向などが一致しているかどうかをみる。

SPIは職務への適応性を客観的にみるためのもの。

理論編 STEP 7

論作文の書き方

01 「論文」と「作文」

一般に「論文」はあるテーマについて自分の意見を述べ，その論証をする文章で，必ず意見の主張とその論証という2つの部分で構成される。問題提起と論旨の展開，そして結論を書く。

「作文」は，一般的には感想文に近いテーマ，たとえば「私の興味」「将来の夢」といったものがある。

就職試験では「論文」と「作文」を合わせた“論作文”とでもいうようなものが出題されることが多い。

論作文試験とは，「文章による面接」。テーマに書き手がどういう態度を持っているかを知ることが，出題の主な目的だ。受験者の知識・教養・人生観・社会観・職業観，そして将来への希望などが，どのような思考を経て，どう表現されているかによって，企業にとって，必要な人物かどうかを判断している。

論作文の場合には，書き手の社会的意識や考え方に加え，「感銘を与える」働きが要求される。就職活動とは，企業に対し「自分をアピールすること」だということを常に念頭に置いておきたい。

Point

論文と作文の違い

	論　文	作　文
テーマ	学術的・社会的・国際的なテーマ。時事，経済問題など	個人的・主観的なテーマ。人生観，職業観など
表現	自分の意見や主張を明確に述べる。	自分の感想を述べる。
展開	四段型（起承転結）の展開が多い。	三段型（はじめに・本文・結び）の展開が多い。
文体	「だ調・である調」のスタイルが多い。	「です調・ます調」のスタイルが多い。

02 採点のポイント

・テーマ

与えられた課題（テーマ）を，受験者はどのように理解しているか。

出題されたテーマの意義をよく考え，それに対する自分の意見や感情が，十分に整理されているかどうか。

・表現力

課題について本人が感じたり，考えたりしたことを，文章で的確に表しているか。

・字・用語・その他

かなづかいや送りがなが合っているか，文中で引用されている格言やことわざの類が使用法を間違えていないか，さらに誤字・脱字に至るまで，文章の基本的な力が受験者の人柄ともからんで厳密に判定される。

・オリジナリティ

魅力がある文章とは，オリジナリティを率直に出すこと。自分の感情や意見を，自分の言葉で表現する。

・生活態度

文章は，書き手の人格や人柄を映し出す。平素の社会的関心や他人との協調性，趣味や読書傾向はどうであるかといった，受験者の日常における生き方，生活態度がみられる。

・字の上手・下手

できるだけ読みやすい字を書く努力をする。また，制限字数より文章が長くなって原稿用紙の上下や左右の空欄に書き足したりすることは避ける。消しゴムで消す場合にも，丁寧に。

いずれの場合でも，表面的な文章力を問うているのではなく，受験者の人柄のほうを重視している。

実践編

マナーチェックリスト

就活において企業の人事担当は，面接試験やOG／OB訪問，そして面接試験において，あなたのマナーや言葉遣いといった，「常識力」をチェックしている。現在の自分はどのくらい「常識力」が身についているかをチェックリストで振りかえり，何ができて，何ができていないかを明確にしたうえで，今後の取り組みに生かしていこう。

評価基準　5：大変良い　4：やや良い　3：どちらともいえない　2：やや悪い　1：悪い

	項目	評価	メモ
挨拶	明るい笑顔と声で挨拶をしているか		
	相手を見て挨拶をしているか		
	相手より先に挨拶をしているか		
	お辞儀を伴った挨拶をしているか		
	直接の応対者でなくても挨拶をしているか		
表情	笑顔で応対しているか		
	表情に私的感情がでていないか		
	話しかけやすい表情をしているか		
	相手の話は真剣な顔で聞いているか		
身だしなみ	前髪は目にかかっていないか		
	髪型は乱れていないか／長い髪はまとめているか		
	髭の剃り残しはないか／化粧は健康的か		
	服は汚れていないか／清潔に手入れされているか		
	機能的で職業・立場に相応しい服装をしているか		
	華美なアクセサリーはつけていないか		
	爪は伸びていないか		
	靴下の色は適当か／ストッキングの色は自然な肌色か		
	靴の手入れは行き届いているか		
	ポケットに物を詰めすぎていないか		

	項目	評価	メモ
言葉遣い	専門用語を使わず，相手にわかる言葉で話しているか		
	状況や相手に相応しい敬語を正しく使っているか		
	相手の聞き取りやすい音量・速度で話しているか		
	語尾まで丁寧に話しているか		
	気になる言葉癖はないか		
動作	物の授受は両手で丁寧に実施しているか		
	案内・指し示し動作は適切か		
	キビキビとした動作を心がけているか		
心構え	勤務時間・指定時間の５分前には準備が完了しているか		
	心身ともに健康管理をしているか		
	仕事とプライベートの切替えができているか		

☑ 常に自己点検をするクセをつけよう

「人を表情やしぐさ，身だしなみなどの見かけで判断してはいけない」と一般にいわれている。確かに，人の個性は見かけだけではなく，内面においても見いだされるもの。しかし，私たちは人を第一印象である程度決めてしまう傾向がある。それが面接試験など初対面の場合であればなおさらだ。したがって，チェックリストにあるような挨拶，表情，身だしなみ等に注意して面接試験に臨むことはとても重要だ。ただ，これらは面接試験前にちょっと対策したからといって身につくようなものではない。付け焼き刃的な対策をして面接試験に臨んでも，面接官はあっという間に見抜いてしまう。日頃からチェックリストにあるような項目を意識しながら行動することが大事であり，そうすることで，最初はぎこちない挨拶や表情等も，その人の個性に応じたすばらしい所作へ変わっていくことができるのだ。さっそく，本日から実行してみよう。

実践編 STEP 1

表情

面接試験において，印象を決定づける表情はとても大事。
どのようにすれば感じのいい表情ができるのか，ポイントを確認していこう。

明るく，温和で柔らかな表情をつくろう

人間関係の潤滑油

表情に関しては，まずは豊かであるということがベースになってくる。うれしい表情，困った表情，驚いた表情など，さまざまな気持ちを表現できるということが，人間関係を潤いのあるものにしていく。

Point

表情はコミュニケーションの大前提。相手に「いつでも話しかけてくださいね」という無言の言葉を発しているのが，就活に求められる表情だ。面接官が安心してコミュニケーションをとろうと思ってくれる表情。それが，明るく，温和で柔らかな表情となる。

いますぐデキる
カンタンTraining

Training 01

喜怒哀楽を表してみよう

・人との出会いを楽しいと思うことが表情の基本
・表情を豊かにする大前提は相手の気持ちに寄り添うこと
・目元・口元だけでなく，眉の動きを意識することが大事

Training 02

表情筋のストレッチをしよう

・表情筋は「ウイスキー」の発音によって鍛える
・意識して毎日，取り組んでみよう
・笑顔の共有によって相手との距離が縮まっていく

実践編 STEP 2

挨拶

コミュニケーションは挨拶から始まり，その挨拶ひとつで印象は変わるもの。ポイントを確認していこう。

丁寧にしっかりと はっきり挨拶をしよう

人間関係の第一歩

挨拶は心を開いて，相手に近づくコミュニケーションの第一歩。たかが挨拶，されど挨拶の重要性をわきまえて，きちんとした挨拶をしよう。形，つまり“技”も大事だが，心をこめることが最も重要だ。

Point

挨拶はコミュニケーションの第一歩。相手が挨拶するのを待っているのは望ましくない。挨拶の際のポイントは丁寧であることと，はっきり声に出すことの2つ。丁寧な挨拶は，相手を大事にして迎えている気持ちの表れとなる。はっきり声に出すことで，これもきちんと相手を迎えていることが伝わる。また，相手もその応答として挨拶してくれることで，会ってすぐに双方向のコミュニケーションが成立する。

いますぐデキる

カンタンTraining

Training 01

3つのお辞儀をマスターしよう

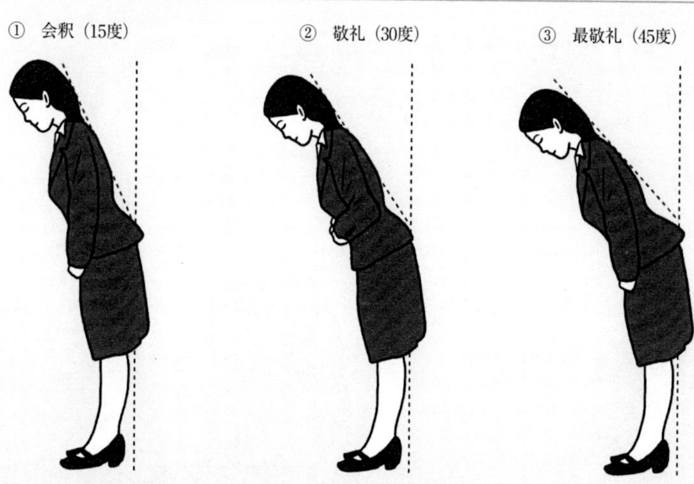

- 息を吸うことを意識してお辞儀をするとキレイな姿勢に
- 目線は真下ではなく，床前方1.5m先ぐらいを見よう
- 相手への敬意を忘れずに

Training 02

対面時は言葉が先，お辞儀が後

- 相手に体を向けて先に自ら挨拶をする
- 挨拶時，相手とアイコンタクトをしっかり取ろう
- 挨拶の後に，お辞儀をする。これを「語先後礼」という

実践編 STEP 3

聞く姿勢

コミュニケーションは「話す」よりも「聞く」ことといわれる。相手が話しやすい聞き方の，ポイントを確認しよう。

相手の話を受けとめる

話を聞くときは，やや前に傾く姿勢をとる。表情と姿勢が合わさることにより，話し手の心が開き「あれも，これも話そう」という気持ちになっていく。また，「はい」と一度のお辞儀で頷くと相手の話を受け止めているというメッセージにつながる。

Point

話をすること，話を聞いてもらうことは誰にとってもプレッシャーを伴うもの。そのため,「何でも話して良いんですよ」「何でも話を聞きますよ」「心配しなくて良いんですよ」という気持ちで聞くことが大切になる。その気持ちが聞く姿勢に表れれば，相手は安心して話してくれる。

いますぐデキる

カンタンTraining

Training 01

頷きは一度で

・相手が話した後に「はい」と
一言発する
・頷きすぎは逆効果

Training 02

目線は自然に

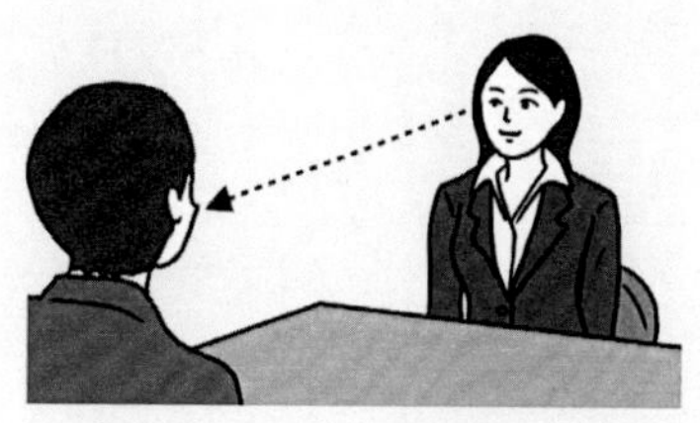

・鼻の付け根あたりを見ると
自然な印象に
・目を見つめすぎるのはＮＧ

Training 03

話の句読点で視線を移す

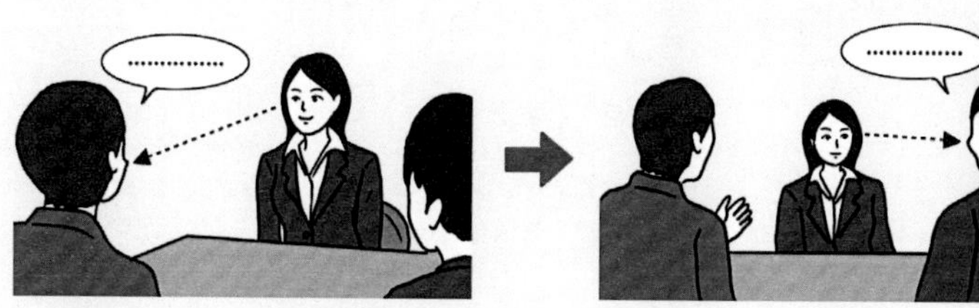

・視線は話している人を見ることが基本
・複数の人の話を聞くときは句読点を意識し，
視線を振り分けることで聞く姿勢を表す

実践編 STEP4

伝わる話し方

自分の意思を相手に明確に伝えるためには，話し方が重要となる。はっきりと的確に話すためのポイントを確認しよう。

ボリュームを意識して

話すときのポイントとしては，ボリュームを意識することが挙げられる。会議室の一番奥にいる人に声が届くように意識することで，声のボリュームはコントロールされていく。

Point

コミュニケーションとは「伝達」すること。どのようなことも，適当に伝えるのではなく，伝えるべきことがきちんと相手に届くことが大切になる。そのためには，はっきりと，分かりやすく，丁寧に，心を込めて話すこと。言葉だけでなく，表情やジェスチャーを加えることも有効。

いますぐデキる

カンタンTraining

Training 01

腹式呼吸で発声練習

・「あえいうえおあお」と発声する
・腹式呼吸は，胸部をなるべく動かさずに，息を吸うときにお腹や腰が膨らむよう意識する呼吸法

Training 02

早口言葉にチャレンジ

・「おあやや，母親に，お謝り」と早口で
・口がすぼまった「お」と口が開いた「あ」の発音に，変化をつけられるかがポイント

Training 03

ジェスチャーを有効活用

・腰より上でジェスチャーをする
・体から離した位置に手をもっていく
・ジェスチャーをしたら戻すところをさだめておく

実践編 STEP 5

身だしなみ

身だしなみはその人自身を表すもの。身だしなみの基本について，ポイントを確認しよう。

清潔感,さわやかさを醸し出せるようにしよう

プロの企業人にふさわしい身だしなみを

信頼感，安心感をもたれる身だしなみを考えよう。TPOに合わせた服装は，すなわち“礼”を表している。そして，身だしなみには,「清潔感」,「品のよさ」,「控え目である」という，3つのポイントがある。

Point

相手との心理的な距離や物理的な距離が遠ければ，コミュニケーションは成立しにくくなる。見た目が不潔では誰も近付いてこない。身だしなみが清潔であること, 爽やかであることは相手との距離を縮めることにも繋がる。

いますぐデキる

カンタンTraining

Training 01

髪型，服装を整えよう

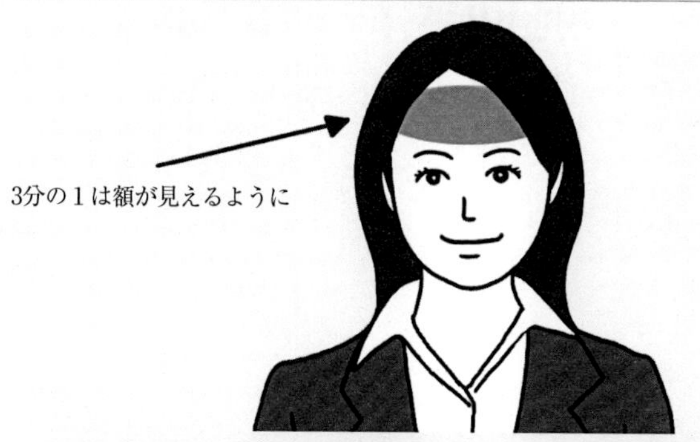

- **男性も女性も眉が見える髪型が望ましい。３分の１は額が見えるように。額は知性と清潔感を伝える場所。男性の髪の長さは耳や襟にかからないように**
- **スーツで相手の前に立つときは，ボタンはすべて留める。男性の場合は下のボタンは外す**

Training 02

おしゃれとの違いを明確に

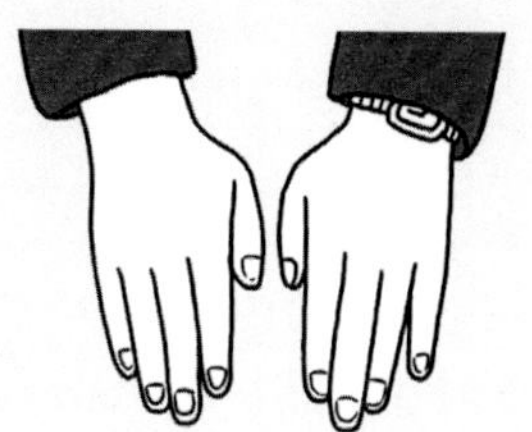

- **爪はできるだけ切りそろえる**
- **爪の中の汚れにも注意**
- **ジェルネイル，ネイルアートはNG**

Training 03

足元にも気を配って

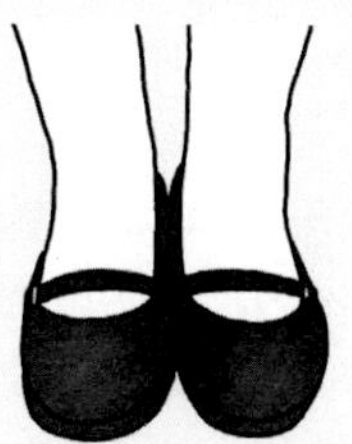

- **女性の場合はパンプス，男性の場合は黒の紐靴が望ましい**
- **靴はこまめに汚れを落とし見栄えよく**

実践編
STEP 6 姿勢

姿勢にはその人の意欲が反映される。前向き，活動的な姿勢を表すにはどうしたらよいか，ポイントを確認しよう。

前向き,活動的な姿勢を維持しよう

一直線と左右対称

正しい立ち姿として，耳，肩，腰，くるぶしを結んだ線が一直線に並んでいることが最大のポイントになる。そのラインが直線に近づくほど立ち姿がキレイに整っていることになる。また，"左右対称"というのもキレイな姿勢の要素のひとつになる。

Point

姿勢は，身体と心の状態を反映するもの。そのため，良い姿勢でいることは，印象が清々しいだけでなく，健康で元気そうに見え，話しかけやすさにも繋がる。歩く姿勢，立つ姿勢，座る姿勢など，どの場面にも心身の健康状態が表れるもの。日頃から心身の健康状態に気を配り，フィジカルとメンタル両面の自己管理を心がけよう。

いますぐデキる

カンタンTraining

Training 01

キレイな歩き方を心がけよう

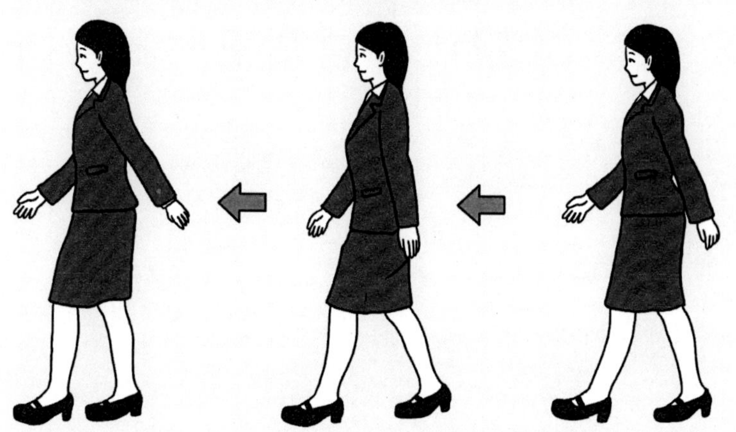

・女性は１本の線上を，男性はそれよりも太い線上を沿うように歩く
・一歩踏み出したときに前の足に体重を乗せるように，腰から動く
・12時の方向につま先をもっていく

Training 02

前向きな気持ちを持とう

・常に前向きな気持ちが姿勢を正す
・ポジティブ思考を心がけよう

実践編 STEP 7
正しい言葉遣い

言葉遣いの正しさはとは，場面にあった言葉を遣うということ。相手を気づかいながら，言葉を選ぶことで，より正しい言葉に近づいていく。

相手と場面に合わせた ふさわしい言葉遣いを

次の文は接客の場面でよくある間違えやすい敬語です。
それぞれの言い方は○×どちらでしょうか。

問１「資料をご拝読いただきありがとうございます」

問２「こちらのパンフレットはもういただかれましたか？」

問３「恐れ入りますが，こちらの用紙にご記入してください」

問４「申し訳ございませんが，来週，休ませていただきます」

問５「先ほどの件，帰りましたら上司にご報告いたしますので」

Point

ビジネスのシーンに敬語は欠くことができない。何度もやり取りをしていく中で，親しさの度合いによっては，あえてくだけた表現を用いることもあるが，「親しき仲にも礼儀あり」と言われるように，敬意や心づかいをおろそかにしてはいけないもの。相手に誤解されたり，相手の気分を壊すことのないように，相手や場面にふさわしい言葉遣いが大切になる。

解答と解説

問1（×） ○正しい言い換え例

→「ご覧いただきありがとうございます」など

「拝読」は自分が「読む」意味の謙譲語なので，相手の行為に使うのは誤り。読むと見るは同義なため，多く，見るの尊敬語「ご覧になる」が用いられる。

問2（×） ○正しい言い換え例

→「お持ちですか」「お渡ししましたでしょうか」 など

「いただく」は，食べる・飲む・もらうの謙譲語。「もらったかどうか」と聞きたいのだから，「おもらいになりましたか」と言えないこともないが，持っているかどうか，受け取ったかどうかという意味で「お持ちですか」などが使われることが多い。また，自分側が渡すような場合は，「お渡しする」を使って「お渡ししましたでしょうか」などの言い方に換えることもできる。

問3（×） ○正しい言い換え例

→「恐れ入りますが，こちらの用紙にご記入ください」など

「ご記入する」の「お（ご）～する」は謙譲語の形。相手の行為を謙譲語で表すことになるため誤り。「して」を取り除いて「ご記入ください」か，和語に言い換えて「お書きください」とする。ほかにも「お書き／ご記入・いただけますでしょうか・願います」などの表現もある。

問4（△）

有給休暇を取る場合や，弔事等で休むような場面で，用いられることも多い。「休ませていただく」ということで一見丁寧に響くが，「来週休むと自分で休みを決めている」という勝手な表現にも受け取られかねない言葉だ。ここは同じ「させていただく」を用いても，相手の都合をうかがう言い方に換えて「○○がございまして，申し訳ございませんが，休みをいただいてもよろしいでしょうか」などの言い換えが好ましい。

問5（×）○正しい言い換え例

→「上司に報告いたします」

「ご報告いたします」は，ソトの人との会話で使うとするならば誤り。「ご報告いたします」の「お・ご～いたす」は，「お・ご～する」と「～いたす」という２つの敬語を含む言葉。そのうちの「お・ご～する」は，主語である自分を低めて相手＝上司を高める働きをもつ表現（謙譲語Ⅰ)。一方「～いたす」は，主語の私を低めて，話の聞き手に対して丁重に述べる働きをもつ表現（謙譲語Ⅱ　丁重語)。「お・ご～する」も「～いたす」も同じ謙譲語であるため紛らわしいが，主語を低める（謙譲）という働きは同じでも，行為の相手を高める働きがあるかないかという点に違いがあるといえる。

実践編
STEP 8 正しい敬語

敬語は正しく使用することで，相手の印象を大きく変えることができる。尊敬語，謙譲語の区別をはっきりつけて，誤った用法で話すことのないように気をつけよう。

言葉の使い方がマナーを表す!

■よく使われる尊敬語の形 「言う・話す・説明する」の例

専用の尊敬語型	おっしゃる
～れる・～られる型	言われる・話される・説明される
お（ご）～になる型	お話しになる・ご説明になる
お（ご）～なさる型	お話しなさる・ご説明なさる

■よく使われる謙譲語の形 「言う・話す・説明する」の例

専用の謙譲語型	申す・申し上げる
お（ご）～する型	お話しする・ご説明する
お（ご）～いたす型	お話しいたします・ご説明いたします

Point

同じ尊敬語・謙譲語でも，よく使われる代表的な形がある。ここではその一例をあげてみた。敬語の使い方に迷ったときなどは，まずはこの形を思い出すことで，大抵の語はこの型にはめ込むことができる。同じ言葉を用いたほうがよりわかりやすいといえるので，同義に使われる「言う・話す・説明する」を例に考えてみよう。

ほかにも「お話しくださる」や「お話しいただく」「お元気でいらっしゃる」などの形もあるが，まずは表の中の形を見直そう。

■よく使う動詞の尊敬語・謙譲語

なお，尊敬語の中の「言われる」などの「れる・られる」を付けた形は省力している。

基本	尊敬語（相手側）	謙譲語（自分側）
会う	お会いになる	お目にかかる・お会いする
言う	おっしゃる	申し上げる・申す
行く・来る	いらっしゃる おいでになる お見えになる お越しになる お出かけになる	伺う・参る お伺いする・参上する
いる	いらっしゃる・おいでになる	おる
思う	お思いになる	存じる
借りる	お借りになる	拝借する・お借りする
聞く	お聞きになる	拝聴する 拝聞する お伺いする・伺う お聞きする
知る	ご存じ（知っているという意で）	存じ上げる・存じる
する	なさる	いたす
食べる・飲む	召し上がる・お召し上がりになる お飲みになる	いただく・頂戴する
見る	ご覧になる	拝見する
読む	お読みになる	拝読する

「お伺いする」「お召し上がりになる」などは，「伺う」「召し上がる」自体が敬語なので「二重敬語」ですが，慣習として定着しており間違いではないもの。

Point

上記の「敬語表」は，よく使うと思われる動詞をそれぞれ尊敬語・謙譲語で表したもの。このように大体の言葉は型にあてはめることができる。言葉の中には「お（ご）」が付かないものもあるが，その場合でも「～なさる」を使って，「スピーチなさる」や「運営なさる」などと言うことができる。また，表では，「言う」の尊敬語「言われる」の例は省いているが，れる・られる型の「言われる」よりも「おっしゃる」「お話しになる」「お話しなさる」などの言い方のほうが，より敬意も高く，言葉としても何となく響きが落ち着くといった印象を受けるものとなる。

実践編 STEP 9

会話力

会話は相手があってのこと。いかなる場合でも，相手に対する心くばりを忘れないことが，会話をスムーズに進めるためのコツになる。

心くばりを添えるひと言で言葉の印象が変わる!

相手に何かを頼んだり，また相手の依頼を断ったり，相手の抗議に対して反論したりする場面では，いきなり自分の意見や用件を切り出すのではなく，場面に合わせて心くばりを伝えるひと言を添えてから本題に移ると，響きがやわらかくなり，こちらの意向も伝えやすくなる。俗にこれは「クッション言葉」と呼ばれている。(右表参照)

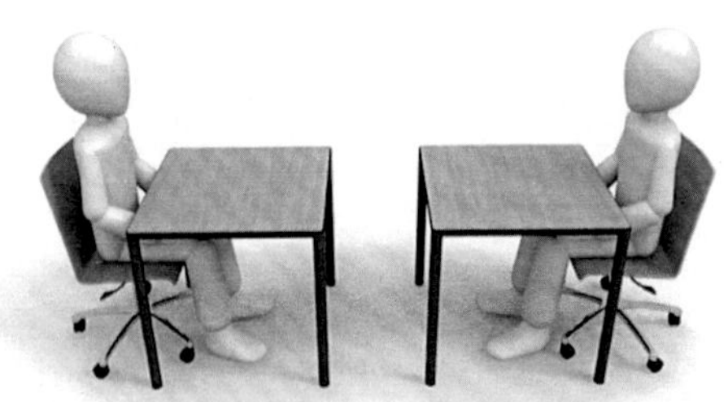

Point

ビジネスの場面で，相手と話したり手紙やメールを送る際には，何か依頼事があってという場合が多いもの。その場合に「ちょっとお願いなんですが…」では，ふだんの会話と変わりがないものになってしまう。そこを「突然のお願いで恐れ入りますが」「急にご無理を申しまして」「こちらの勝手で恐縮に存じますが」「折り入ってお願いしたいことがございまして」などの一言を添えることで，直接的なきつい感じが和らぐだけでなく，「申し訳ないのだけれど，もしもそうしていただくことができればありがたい」という，相手への配慮や願いの気持ちがより強まる。このような前置きの言葉もうまく用いて，言葉に心くばりを添えよう。

相手の意向を尋ねる場合	「よろしければ」「お差し支えなければ」 「ご都合がよろしければ」「もしお時間がありましたら」 「もしお嫌いでなければ」「ご興味がおありでしたら」
相手に面倒を かけてしまうような場合	「お手数をおかけしますが」 「ご面倒をおかけしますが」 「お手を煩わせまして恐縮ですが」 「お忙しい時に申し訳ございませんが」 「お時間を割いていただき申し訳ありませんが」 「貴重なお時間を頂戴し恐縮ですが」
自分の都合を 述べるような場合	「こちらの勝手で恐縮ですが」 「こちらの都合（ばかり）で申し訳ないのですが」 「私どもの都合ばかりを申しまして，まことに申し訳なく存じますが」 「ご無理を申し上げまして恐縮ですが」
急な話をもちかけた場合	「突然のお願いで恐れ入りますが」 「急にご無理を申しまして」 「もっと早くにご相談申し上げるべきところでございましたが」 「差し迫ってのことでまことに申し訳ございませんが」
何度もお願いする場合	「たびたびお手数をおかけしまして恐縮に存じますが」 「重ね重ね恐縮に存じますが」 「何度もお手を煩わせまして申し訳ございませんが」 「ご面倒をおかけしてばかりで，まことに申し訳ございませんが」
難しいお願いをする場合	「ご無理を承知でお願いしたいのですが」 「たいへん申し上げにくいのですが」 「折り入ってお願いしたいことがございまして」
あまり親しくない相手に お願いする場合	「ぶしつけなお願いで恐縮ですが」 「ぶしつけながら」 「まことに厚かましいお願いでございますが」
相手の提案・誘いを断る場合	「申し訳ございませんが」 「（まことに）残念ながら」 「せっかくのご依頼ではございますが」 「たいへん恐縮ですが」 「身に余るお言葉ですが」 「まことに失礼とは存じますが」 「たいへん心苦しいのですが」 「お引き受けしたいのはやまやまですが」
問い合わせの場合	「つかぬことをうかがいますが」 「突然のお尋ねで恐縮ですが」

実践編
STEP 10 文章の書き方

ここでは文章の書き方における，一般的な敬称について言及している。はがき，手紙，メール等，通信手段はさまざま。それぞれの特性をふまえて有効活用しよう。

相手の気持ちになって見やすく美しく書こう

■敬称のいろいろ

敬称	使う場面	例
様	職名・役職のない個人	（例）飯田知子様／ご担当者様／経理部長　佐藤一夫様
殿	職名・組織名・役職のある個人（公用文など）	（例）人事部長殿／教育委員会殿／田中四郎殿
先生	職名・役職のない個人	（例）松井裕子先生
御中	企業・団体・官公庁などの組織	（例）○○株式会社御中
各位	複数あてに同一文書を出すとき	（例）お客様各位／会員各位

Point

封筒・はがきの表書き・裏書きは縦書きが基本だが，洋封筒で親しい人にあてる場合は，横書きでも問題ない。いずれにせよ，定まった位置に，丁寧な文字でバランス良く，正確に記すことが大切。特に相手の住所や名前を乱雑な文字で書くのは，配達の際の間違いを引き起こすだけでなく，受け取る側に不快な思いをさせる。相手の気持ちになって，見やすく美しく書くよう心がけよう。

■各通信手段の長所と短所

	長所	短所	用途
封書	・封を開けなければ本人以外の目に触れることがない。 ・丁寧な印象を受ける。	・多量の資料・画像送付には不向き。 ・相手に届くまで時間がかかる。	・儀礼的な文書(礼状・わび状など) ・目上の人あての文書 ・重要な書類 ・他人に内容を読まれたくない文書
はがき・カード	・封書よりも気軽にやり取りできる。 ・年賀状や季節の便り，旅先からの連絡など絵はがきとしても楽しむことができる。	・封に入っていないため，第三者の目に触れることがある。 ・中身が見えるので，改まった礼状やわび状，こみ入った内容には不向き。 ・相手に届くまで時間がかかる。	・通知状　・案内状 ・送り状　・旅先からの便り ・各種お祝い　・お礼 ・季節の挨拶
FAX	・手書きの図やイラストを文章といっしょに送れる。 ・すぐに届く。 ・控えが手元に残る。	・多量の資料の送付には不向き。 ・事務的な用途で使われることが多く，改まった内容の文書，初対面の人へは不向き。	・地図，イラストの入った文書 ・印刷物（本・雑誌など）
電話	・急ぎの連絡に便利。 ・相手の反応をすぐに確認できる。 ・直接声が聞けるので，安心感がある。	・連絡できる時間帯が制限される。 ・長々としたこみ入った内容は伝えづらい。	・緊急の用件 ・確実に用件を伝えたいとき
メール	・瞬時に届く。　・控えが残る。 ・コストが安い。 ・大容量の資料や画像をデータで送ることができる。 ・一度に大勢の人に送ることができる。 ・相手の居場所や状況を気にせず送れる。	・事務的な印象を与えるので，改まった礼状やわび状には不向き。 ・パソコンや携帯電話を持っていない人には送れない。 ・ウィルスなどへの対応が必要。	・データで送りたいとき ・ビジネス上の連絡

Point

はがきは手軽で便利だが，おわびやお願い，格式を重んじる手紙には不向きとなる。この種の手紙は内容もこみ入ったものとなり，加えて丁寧な文章で書かなければならないので，数行で済むことはまず考えられない。また，封筒に入っていないため，他人の目に触れるという難点もある。このように，はがきにも長所と短所があるため，使う場面や相手によって，他の通信手段と使い分けることが必要となる。

はがき以外にも，封書・電話・ＦＡＸ・メールなど，現代ではさまざまな通信手段がある。上に示したように，それぞれ長所と短所があるので，特徴を知って用途によって上手に使い分けよう。

実践編

STEP 11 電話応対

社会人のマナーとして，電話応対のスキルは必要不可欠。まずは失礼なく電話に出ることからはじめよう。積極性が重要だ。

相手の顔が見えない分
対応には細心の注意を

■電話をかける場合

① ○○先生に電話をする

×「私，□□社の××と言いますが，○○様はおられますでしょうか？」

○**「××と申しますが，○○様はいらっしゃいますか？」**

「おられますか」は「おる」を謙譲語として使うため，通常は相手がいるかどうかに関しては，「いらっしゃる」を使うのが一般的。

② 相手の状況を確かめる

×「こんにちは，××です，先日のですね…」

○**「××です，先日は有り難うございました，今お時間よろしいでしょうか？」**

相手が忙しくないかどうか，状況を聞いてから話を始めるのがマナー。また，やむを得ず夜間や早朝，休日などに電話をかける際は，「夜分（朝早く）に申し訳ございません」「お休みのところ恐れ入ります」などのお詫びの言葉もひと言添えて話す。

③ 相手が不在，何時ごろ戻るかを聞く場合

×「戻りは何時ごろですか？」

○**「何時ごろお戻りになりますでしょうか？」**

「戻り」はそのままの言い方，相手にはきちんと尊敬語を使う。

④ また自分からかけることを伝える

×「そうですか，ではまたかけますので」

○**「それではまた後ほど（改めて）お電話させていただきます」**

戻る時間がわかる場合は，「またお戻りになりましたころにでも」「また午後にでも」などの表現もできる。

■電話を受ける場合

① 電話を取ったら

×「はい，もしもし，○○（社名）ですが」

○**「はい，○○（社名）でございます」**

② 相手の名前を聞いて

×「どうも，どうも」

○**「いつもお世話になっております」**

あいさつ言葉として定着している決まり文句ではあるが，日頃のお付き合いがあってこそ。あいさつ言葉もきちんと述べよう。「お世話様」という言葉も時折耳にするが，敬意が軽い言い方となる。適切な言葉を使い分けよう。

③ 相手が名乗らない

×「どなたですか？」「どちらさまですか？」

○**「失礼ですが，お名前をうかがってもよろしいでしょうか？」**

名乗るのが基本だが，尋ねる態度も失礼にならないように適切な応対を心がけよう。

④ 電話番号や住所を教えてほしいと言われた場合

×「はい，いいでしょうか？」　×「メモのご用意は？」

○**「はい，申し上げます，よろしいでしょうか？」**

「メモのご用意は？」は，一見親切なようにも聞こえるが，尋ねる相手も用意していることがほとんど。押し付けがましくならない程度に。

⑤ 上司への取次を頼まれた場合

×「はい，今代わります」　×「○○部長ですね，お待ちください」

○**「部長の○○でございますね，ただいま代わりますので，少々お待ちくださいませ」**

○○部長という表現は，相手側の言い方となる。自分側を述べる場合は，「部長の○○」「○○」が適切。

Point

自分から電話をかける場合は，まずは自分の会社名や氏名を名乗るのがマナー。たとえ目的の相手が直接出た場合でも，電話では相手の様子が見えないことがほとんど。自分の勝手な判断で話し始めるのではなく，相手の都合を伺い，そのうえで話を始めるのが社会人として必要な気配りとなる。

デキるオトナをアピール

時候の挨拶

月	漢語調の表現 候，みぎりなどを付けて用いられます	口語調の表現
1月 （睦月）	初春・新春　頌春・小寒・大寒・厳寒	皆様におかれましては，よき初春をお迎えのことと存じます／厳しい寒さが続いております／珍しく暖かな寒の入りとなりました／大寒という言葉通りの厳しい寒さでございます
2月 （如月）	春寒・余寒・残寒・立春・梅花・向春	立春とは名ばかりの寒さ厳しい毎日でございます／梅の花もちらほらとふくらみ始め，春の訪れを感じる今日この頃です／春の訪れが待ち遠しいこのごろでございます
3月 （弥生）	早春・浅春・春寒・春分・春暖	寒さもようやくゆるみ，日ましに春めいてまいりました／ひと雨ごとに春めいてまいりました／日増しに暖かさが加わってまいりました
4月 （卯月）	春暖・陽春・桜花・桜花爛漫	桜花爛漫の季節を迎えました／春光うららかな好季節となりました／花冷えとでも申しましょうか，何だか肌寒い日が続いております
5月 （皐月）	新緑・薫風・惜春・晩春・立夏・若葉	風薫るさわやかな季節を迎えました／木々の緑が目にまぶしいようでございます／目に青葉，山ほととぎす，初鰹の句も思い出される季節となりました
6月 （水無月）	梅雨・向暑・初夏・薄暑・麦秋	初夏の風もさわやかな毎日でございます／梅雨前線が近づいてまいりました／梅雨の晴れ間にのぞく青空は，まさに夏を思わせるようです
7月 （文月）	盛夏・大暑・炎暑・酷暑・猛暑	梅雨が明けたとたん，うだるような暑さが続いております／長い梅雨も明け，いよいよ本格的な夏がやってまいりました／風鈴の音がわずかに涼を運んでくれているようです
8月 （葉月）	残暑・晩夏・処暑・秋暑	立秋とはほんとうに名ばかりの厳しい暑さの毎日です／残暑たえがたい毎日でございます／朝夕はいくらかしのぎやすくなってまいりました
9月 （長月）	初秋・新秋・爽秋・新涼・清涼	九月に入りましてもなお，日差しの強い毎日です／暑さもやっとおとろえはじめたようでございます／残暑も去り，ずいぶんとしのぎやすくなってまいりました
10月 （神無月）	清秋・錦秋・秋涼・秋冷・寒露	秋風もさわやかな過ごしやすい季節となりました／街路樹の葉も日ごとに色を増しております／紅葉の便りの聞かれるころとなりました／秋深く，日増しに冷気も加わってまいりました
11月 （霜月）	晩秋・暮秋・霜降・初霜・向寒	立冬を迎え，まさに冬到来を感じる寒さです／木枯らしの季節になりました／日ごとに冷気が増すようでございます／朝夕はひときわ冷え込むようになりました
12月 （師走）	寒冷・初冬・師走・歳晩	師走を迎え，何かと慌ただしい日々をお過ごしのことと存じます／年の瀬も押しつまり，何かとお忙しくお過ごしのことと存じます／今年も残すところわずかとなりました，お忙しい毎日とお察しいたします

いますぐデキる

シチュエーション別会話例

シチュエーション１　取引先との会話

「非常に素晴らしいお話で感心しました」→NG！

「感心する」は相手の立派な行為や，優れた技量などに心を動かされるという意味。意味としては間違いではないが，目上の人に用いると，偉そうに聞こえかねない表現。「感動しました」などに言い換えるほうが好ましい。

シチュエーション２　子どもとの会話

「お母さんは，明日はいますか？」→NG！

たとえ子どもとの会話でも，子どもの年齢によっては，ある程度の敬語を使うほうが好ましい。「明日はいらっしゃいますか」では，むずかしすぎると感じるならば，「お出かけですか」などと表現することもできる。

シチュエーション３　同僚との会話

「今，お暇ですか 」→NG？

同じ立場同士なので，暇に「お」が付いた形で「お暇」ぐらいでも構わないともいえるが，「暇」というのは，するべきことも何もない時間という意味。そのため「お暇ですか 」では，あまりにも直接的になってしまう。その意味では「手が空いている」→「空いていらっしゃる」→「お手透き」などに言い換えることで，やわらかく敬意も含んだ表現になる。

シチュエーション４　上司との会話

「なるほどですね」→NG！

「なるほど」とは，相手の言葉を受けて，自分も同意見であることを表すため，相手の言葉・意見を自分が評価するというニュアンスも含まれている。そのため自分が評価して述べているという偉そうな表現にもなりかねない。同じ同意ならば，頷き「おっしゃる通りです」などの言葉のほうが誤解なく伝わる。

就活スケジュールシート

■年間スケジュールシート

1月	2月	3月	4月	5月	6月
企業関連スケジュール					
自己の行動計画					

就職活動をすすめるうえで，当然重要になってくるのは，自己のスケジュール管理だ。企業の選考スケジュールを把握することも大切だが，自分のペースで進めることになる自己分析や業界・企業研究，面接試験のトレーニング等の計画を立てることも忘れてはいけない。スケジュールシートに「記入」する作業を通して，短期・長期の両方の面から就職試験を考えるきっかけにしよう。

7月	8月	9月	10月	11月	12月
企業関連スケジュール					
自己の行動計画					

●情報提供のお願い●

就職活動研究会では，就職活動に関する情報を募集しています。

エントリーシートやグループディスカッション，面接，筆記試験の内容等について情報をお寄せください。ご応募はメールアドレス（edit@kyodo-s.jp）へお願いいたします。お送りくださいました方々には薄謝をさしあげます。

ご協力よろしくお願いいたします。

会社別就活ハンドブックシリーズ

東日本旅客鉄道の
就活ハンドブック

編　者　就職活動研究会
発　行　令和 6 年 2 月 25 日
発行者　小貫輝雄
発行所　協同出版株式会社

〒 101 − 0054
東京都千代田区神田錦町2 − 5
電話　03 − 3295 − 1341
振替　東京00190 − 4 − 94061

印刷所　協同出版・POD 工場

落丁・乱丁はお取り替えいたします

●2025年度版●
会社別就活ハンドブックシリーズ

【全111点】

運　輸

東日本旅客鉄道の就活ハンドブック

東海旅客鉄道の就活ハンドブック

西日本旅客鉄道の就活ハンドブック

東京地下鉄の就活ハンドブック

小田急電鉄の就活ハンドブック

阪急阪神 HD の就活ハンドブック

商船三井の就活ハンドブック

日本郵船の就活ハンドブック

機　械

三菱重工業の就活ハンドブック

川崎重工業の就活ハンドブック

IHI の就活ハンドブック

島津製作所の就活ハンドブック

浜松ホトニクスの就活ハンドブック

村田製作所の就活ハンドブック

クボタの就活ハンドブック

金　融

三菱 UFJ 銀行の就活ハンドブック

三菱 UFJ 信託銀行の就活ハンドブック

みずほ FG の就活ハンドブック

三井住友銀行の就活ハンドブック

三井住友信託銀行の就活ハンドブック

野村證券の就活ハンドブック

りそなグループの就活ハンドブック

ふくおか FG の就活ハンドブック

日本政策投資銀行の就活ハンドブック

建設・不動産

三菱地所の就活ハンドブック

三井不動産の就活ハンドブック

積水ハウスの就活ハンドブック

大和ハウス工業の就活ハンドブック

鹿島建設の就活ハンドブック

大成建設の就活ハンドブック

清水建設の就活ハンドブック

資源・素材

旭旭化成グループの就活ハンドブック

東レの就活ハンドブック

ワコールの就活ハンドブック

関西電力の就活ハンドブック

日本製鉄の就活ハンドブック
中部電力の就活ハンドブック
九州電力の就活ハンドブック

自動車

トヨタ自動車の就活ハンドブック
本田技研工業の就活ハンドブック
デンソーの就活ハンドブック
日産自動車の就活ハンドブック

商　社

三菱商事の就活ハンドブック
住友商事の就活ハンドブック
丸紅の就活ハンドブック
三井物産の就活ハンドブック
伊藤忠商事の就活ハンドブック
双日の就活ハンドブック
豊田通商の就活ハンドブック

情報通信・IT

NTT データの就活ハンドブック
NTT ドコモの就活ハンドブック
野村総合研究所の就活ハンドブック
日本電信電話の就活ハンドブック
KDDI の就活ハンドブック
ソフトバンクの就活ハンドブック
楽天の就活ハンドブック
mixi の就活ハンドブック
グリーの就活ハンドブック
サイバーエージェントの就活ハンドブック
LINE ヤフーの就活ハンドブック
SCSK の就活ハンドブック
富士ソフトの就活ハンドブック
日本オラクルの就活ハンドブック
GMO インターネットグループ
オービックの就活ハンドブック
DTS の就活ハンドブック
TIS の就活ハンドブック

食品・飲料

サントリー HD の就活ハンドブック
味の素の就活ハンドブック
キリン HD の就活ハンドブック
アサヒグループ HD の就活ハンドブック
日本たばこ産業 の就活ハンドブック
日清食品グループの就活ハンドブック
山崎製パンの就活ハンドブック
キユーピーの就活ハンドブック

生活用品

資生堂の就活ハンドブック
花王の就活ハンドブック
武田薬品工業の就活ハンドブック

電気機器

三菱電機の就活ハンドブック
パナソニックの就活ハンドブック
ダイキン工業の就活ハンドブック
富士通の就活ハンドブック
ソニーの就活ハンドブック
キヤノンの就活ハンドブック
日立製作所の就活ハンドブック
京セラの就活ハンドブック
ＮＥＣの就活ハンドブック
オムロンの就活ハンドブック
富士フイルム HD の就活ハンドブック
キーエンスの就活ハンドブック

保　険

東京海上日動火災保険の就活ハンドブック
三井住友海上火災保険の就活ハンドブック
第一生命ﾎｰﾙﾃﾞｨﾝｸﾞｽの就活ハンドブック
損保ｼﾞｬﾊﾟﾝの就活ハンドブック

メディア

大日本印刷の就活ハンドブック
エイベックスの就活ハンドブック
博報堂 DY の就活ハンドブック
東宝の就活ハンドブック
凸版印刷の就活ハンドブック

流通・小売

ニトリ HD の就活ハンドブック
ZOZO の就活ハンドブック
イオンの就活ハンドブック

エンタメ・レジャー

オリエンタルランドの就活ハンドブック
任天堂の就活ハンドブック
アシックスの就活ハンドブック
カプコンの就活ハンドブック
バンダイナムコ HD の就活ハンドブック
セガサミー HD の就活ハンドブック
コナミグループの就活ハンドブック
タカラトミーの就活ハンドブック
スクウェア・エニックス HD の就活ハンドブック